Ich bin Mose

Das Buch

Zweimal im Jahr, mitten in der Nacht in der dunklen Schweinfurter Johanniskirche: Ein Lichtstrahl beleuchtet eine einzelne Figur. Sie scheint zu erwachen. Erzählt aus ihrem Leben, klagt, lobt Gott, predigt und verzagt auch manchmal. Andere Figuren und Kunstwerke stimmen ein. Literarische Texte aus allen Epochen verweben sich im Dunkel mit leiser Musik.

Zur Ruhe kommen im Dunkel der Nacht. Nachdenken über Fragen des eigenen Lebens. Den Kirchenraum neu entdecken. Kirchenführung, Advents- oder Passionsandacht, literarische Lesung, Liederabend: Die Schweinfurter „Klänge in der Nacht" haben von all diesen etwas und sind doch mehr als das.

In diesem Buch finden Sie Texte aus den ersten zehn „Klängen in der Nacht". Zum Nachlesen und Nachspüren. Zum Träumen und Hoffen. Ein ungewöhnlicher Zugang zur Kunst, nicht nur für Schweinfurter.

Der Autor

Heiko Kuschel ist evangelischer Pfarrer in Schweinfurt. Er ist verheiratet und hat vier Kinder.

Heiko Kuschel

Ich bin Mose

kirchliche Kunstwerke erzählen

Bibliografische Information der Deutschen Nationalbibliothek:
Die Deutsche Nationalbibliothek verzeichnet diese Publikation in der Deutschen Nationalbibliografie; detaillierte bibliografische Daten sind im Internet über www.dnb.de abrufbar.

© 2015 Heiko Kuschel

Bibeltexte: Lutherbibel, revierter Text 1984, durchgesehene Ausgabe,
© 1999 Deutsche Bibelgesellschaft, Stuttgart

Titelfoto: Julian-Alexander Bauer
www.julian-alexander-bauer.de

Herstellung und Verlag:
BoD – Books on Demand, Norderstedt

ISBN 978-3-7347-4264-4

www.ichbinmose.de | www.kuschelkirche.de

Inhalt

Passion 2010 11
Mose 11
Junker Wolff von Steinau Steinrück 14
Rosette 15
Maria 16
Gedanken zum Magnificat 18
Altarbild in St. Johannis 19

Advent 2010 23
Mose 23
Johannes der Täufer 24
Taufstein 26
Blauer Engel 27
Krippe 28

Passion 2011 29
Mose 29
Lukas 30
Vierung der Kirche 31
Kreuzigungsbild von Emil Scheibe 33
Johannes im Kreuzigungsbild 34

    Kruzifix im Chorbogen 35

    Osterkerze 36

Advent 2011 39

    Mose 39

    Der Engel an der Kanzel 40

    Der Heilige Geist 41

    Die Tür 42

    Altarbild: der Tod 43

    Maria 44

    Weißer Engel 45

    Roter Engel 46

Passion 2012 47

    Mose 47

    Johannes an der Kanzel 48

    Foto der Schule 49

    Hoffnungsbaum 51

    Maria (Marienkapelle) 53

Advent 2012 57

    Mose 57

    Der Engel auf dem Kanzeldeckel 58

    Taufstein: Petrus und der Schlüssel 59

    Die alten Orgeln 60

Stille 61

　　　Sonne in der Vierung 64

　　　Der weiße Engel. 65

　　　Frieden!. 67

Passion 2013 . . . . **69**

　　　Mose 69

　　　Herrenchor. 70

　　　Sehnsucht. 71

　　　Andreas 72

　　　Grabmal Amalia von Pomersfelden. 74

　　　Stuhlschildchen. 75

　　　Was bleibt?. 76

　　　Grabmal Margaretha von Wenkheim. 77

Advent 2013 . . . . **79**

　　　Mose. 79

　　　Der Engel an der Kanzeltreppe 80

　　　Das geteilte Gewölbe. 82

　　　Zerstörtes Wappen 83

　　　Chorraum: Maria und das Jesuskind. 84

　　　Rose am Stamm. 86

　　　Der Engel mit dem Rosenbogen. 87

Passion 2014 . . . . **89**

    Mose 89

    Andreas 90

    Märtyrergebet 92

    Reichsvogt Konrad von Seinsheim 93

    Johannes der Täufer 94

    Kreuz-Fresko 95

    Und ich träumte 96

    Altarbild: Der Auferstandene. 97

Advent 2014 99

    Mose. 99

    Lukas 100

    Adventsvorbereitungen .102

    Grabmal Graf Christoph Carol Schlick 103

    Der Graf 104

    Before I die. 105

    Der Hauch des Todes 106

    Johannes der Täufer 107

    Gottes Lamm 108

    Petrus 109

    Der Engel mit dem Rosenbogen. 110

Abläufe. 111

    Klänge in der Nacht 19.3.2010 21:00 111

    Klänge in der Nacht 10.12.2010 20:00 112

    Klänge in der Nacht 18.3.2011 21:00 113

    Klänge in der Nacht 9.12.2011 20:00 115

    Klänge in der Nacht 9.3.2012 21:00 116

    Klänge in der Nacht 7.12.2012 20:00 117

    Klänge in der Nacht 8.3.2013 21:00 119

    Klänge in der Nacht 13.12.2013 20:00 120

    Klänge in der Nacht 4.4.2014 21:00 122

    Klänge in der Nacht 5.12.2014 20:00 123

Danke **125**

Abbildungen **127**

Literatur **129**

Mehr von Heiko Kuschel **133**

    Die Ringe sind im Auto. 133

    Plötzlich bist du da. 134

    Die Sonne ist ein Säugetier. 135

Passion 2010

Mose

Ich bin Mose. Vor über dreitausend Jahren führte ich das Volk Gottes aus der Sklaverei in die Freiheit. Am Berg Sinai sprach ich mit Gott. Von Gott, so erzählt eure Bibel, bekam ich die Zehn Gebote. Gebote, die euch Freiheit schenken sollten. Frei von Angst, frei von Schuld solltet ihr leben können. Wie wäre euer Leben, wenn alle sich daran halten würden?

Ich bin der Herr, dein Gott. Du sollst keine anderen Götter haben neben mir.

Du sollst den Namen des Herrn, deines Gottes, nicht missbrauchen.

Du sollst den Feiertag heiligen.

Du sollst deinen Vater und deine Mutter ehren.

Du sollst nicht töten.

Du sollst nicht ehebrechen.

Du sollst nicht stehlen.

Du sollst nicht falsch Zeugnis reden wider deinen Nächsten.

Du sollst nicht begehren deines Nächsten Haus.

Du sollst nicht begehren deines Nächsten Weib, Knecht, Magd, Vieh noch alles, was dein Nächster hat.

Die Zehn großen Freiheiten hat man sie genannt, diese Gebote. Wie frei, wie unbeschwert wäre euer Leben, wenn ihr euch daran halten würdet! Doch was tut ihr? Neidisch seht ihr auf das, was der andere hat. Ihr stehlt. Ihr tötet. Ihr betet das Geld an, den Erfolg, die freie Marktwirtschaft. Ihr unterdrückt die Armen.

Sündig seid ihr. Ihr missbraucht eure Freiheit. Habt euch abgesondert von Gottes Willen. Lebt nicht so, wie Gott euch gewollt hat.

Ich bin Mose. Vor über dreihundert Jahren stellte man mich unter diese Kanzel. Als ein Zeichen für die Menschen: Die Predigten hier, sie stehen auf dem Grund der Zehn Gebote. Die Predigten, die hier gehalten werden, sie fußen auf dem Alten Testament. Ihr habt gemeinsame Wurzeln mit dem Judentum. Manchmal, in eurer Geschichte, da wäre es gut gewesen, ihr hättet auf dieses Zeichen geachtet.

Ich bin Mose. Vor über dreihundert Jahren stellte man mich unter diese Kanzel.

Manchmal kommt es mir vor, als müsste ich die ganze Welt auf meiner Schulter tragen.

Große Aufgaben hatte Gott mir gegeben.

Ein großer Prophet sollte ich sein.

Ein Bote Gottes.

Heute noch eine Stütze der Predigt auf dieser Kanzel.

Nicht immer war ich dem gewachsen.

Hatte Angst.

Zweifelte und suchte meinen eigenen Weg.

Manchmal kommt es mir vor, als müsste ich die ganze Welt auf meiner Schulter tragen.

All die Schuld.

All das Leid.

Die schweren Gedanken.

Die unerreichten Ziele.

Die ungesprochenen Worte.

Die gesprochenen Worte, die jemanden verletzten.

Den Neid.

Den Hass.

Die Armut dieser Welt.

Wer trägt mich?

Wer fängt meine Tränen auf?

Junker Wolff von Steinau Steinrück

Gestatten, Junker Wolff von Steinau Steinrück mein Name, genannt von Schweinfurt. Viel ist nicht von mir bekannt, nur dieses Grabmal zeugt von meiner Existenz. Mein Leben habe ich gelebt als Kämpfer.

Euch mag das seltsam vorkommen. Doch zu unserer Zeit war das etwas Besonderes. Ein Privileg. Immer hatte ich Gutes im Sinn. Wollte edel leben. Wollte das Evangelium verbreiten. Den Menschen helfen. Nun, am Ende meines Lebens, lege ich meinen Helm ab. Lege ihn vors Kreuz. Schaue auf zu meinem Herrn Jesus.

„Spes mea Christus", Christus ist meine Hoffnung: So steht es auf dem Spruchband zwischen Jesus und mir. Ich frage ihn, meinen Herrn und meine Hoffnung: Hatte mein Leben einen Sinn? Zu dir, Jesus, will ich kommen. Am Ende sagen können: Es war für dich, mein Leben, und es war gut. Wirst du mich annehmen? Werde ich bei dir sein können? Bin ich bei dir? 425 Jahre bin ich nun schon tot. Was bleibt?

Rosette

Kreisrund, lichtdurchbrochen, mitten im Dunkel. Jetzt, in der Nacht, verirren sich nur wenige Lichtstrahlen durch die Rosette. Nehme ich sie noch wahr? Habe ich noch Augen für das bisschen Licht, das hier in diese Kirche strahlt?

Kreisrund, lichtdurchbrochen, mitten im Dunkel. Schon immer stand der Kreis, die vollkommenste geometrische Figur, für Gott. Er symbolisiert die Vollkommenheit der sich nach allen Seiten verbreitenden Liebe Gottes.

Die Verzierungen lenken meinen Blick auf das Zentrum. Ich komme zur Ruhe. Halte die Dunkelheit und Stille aus, die so ungewohnt ist. Ich frage: Was ist mein Zentrum? Was macht mein Leben vollkommen? Wo gehöre ich hin?

Kreisrund, lichtdurchbrochen, mitten im Dunkel. Mein Leben ist nicht vollkommen. Es ist nicht wie dieser Kreis. Oft ist es dunkel in meinem Leben. Doch durch das Dunkel, das Wirrwarr, bricht das Licht von Gottes Liebe. Kann ich es noch wahrnehmen? Ich komme zur Ruhe und nehme in der Stille mein Leben wahr.

Maria

Maria ist mein Name. Ein einfaches Mädchen war ich, doch kaum jemand ist heute auf so vielen Statuen und Bildern abgebildet wie ich. Mutter Gottes, so nennt ihr mich. Auch in der evangelischen Kirche habe ich meinen Platz. Keinen so bedeutenden wie bei euren katholischen Mitchristen. Aber doch bin ich da. Kann selbstverständlich hier stehen, neben dem Evangelisten Johannes, dem Täufer Johannes und Bischof Kilian. Ich stehe hier und erinnere euch daran: Gottes Sohn ist Mensch geworden. In meinem Leib. Ich habe ihn geboren. Welch ein Wunder! Gott kommt mitten hinein in unsere Welt.

Ein Engel hat es mir verkündet. So erzählt es der Evangelist Lukas. Und dieses große Wunder, es hat mich ergriffen. Ich fing an zu singen und Gott zu loben. Leidenschaftlich, hingerissen, stolz, begeistert: So hat Dietrich Bonhoeffer mich beschrieben, und ja, das war ich. Doch hört mein Lied. Leidenschaftlich, hingerissen, stolz, begeistert. Ich singe es für euch.

Meine Seele erhebt den Herrn,
und mein Geist freut sich Gottes, meines Heilandes;

denn er hat die Niedrigkeit seiner Magd angesehen.
Siehe, von nun an werden mich selig preisen alle Kindeskinder.

Denn er hat große Dinge an mir getan,
der da mächtig ist und dessen Name heilig ist.

Und seine Barmherzigkeit währt von Geschlecht zu Geschlecht
bei denen, die ihn fürchten.

Er übt Gewalt mit seinem Arm
und zerstreut, die hoffärtig sind in ihres Herzens Sinn.

Er stößt die Gewaltigen vom Thron
und erhebt die Niedrigen.

Die Hungrigen füllt er mit Gütern
und lässt die Reichen leer ausgehen.

Er gedenkt der Barmherzigkeit
und hilft seinem Diener Israel auf,

wie er geredet hat zu unsern Vätern,
Abraham und seinen Kindern in Ewigkeit.[1]

---

[1] Lukas 1, 46-55

Ehre sei dem Vater und dem Sohne
und dem Heiligen Geiste,

wie es war im Anfang, jetzt und immerdar
und von Ewigkeit zu Ewigkeit. Amen.

Gedanken zum Magnificat

Gott. Mein Gott!
Wie gern würde ich das:
Dich erheben.

Auf, meine Seele, erhebe Gott!
Mein Geist freue sich!
Nun freu dich schon!

Nicht mehr viel da, was ich erheben könnte.
Irgendwo im Alltagsgerümpel,
irgendwo in meinem Kopf:

Eine kleine, verstaubte Schachtel, innendrin:
Mein letztes Stückchen Gott.

Nicht theologisiert, exegesiert, problematisiert.
Auch nicht groß, stark, mächtig.
Einfach nur: Gott.

Siehst du mich?
Schau endlich her, Gott, du!

Hörst du mich?
Antworte mir doch, antworte mir!

Ich weiß: du hast schon Großes an mir getan.
Hast mir so vieles gegeben, so viel Gutes.
Hast mich verschwenderisch ausgestattet
mit so vielen, vielen Gaben.

Lass mich jetzt nicht sitzen!
Geh nicht weg, Du!

Zweifel plagen mich:
Er stößt die Gewaltigen vom Thron?
Wo denn? Wann denn?
Wo erhebst du die Niedrigen?

Hungernde werden satt?
Ist doch gar nicht wahr!

Was tust du eigentlich?
Däumchen drehen, oder was?

Gott, man sagt: Du bist da.
Da, bei denen,
die hungern, leiden, trauern, verzweifeln.

Vielleicht
finde ich dich da wieder?

Altarbild in St. Johannis

Wie ein Fremdkörper wirkt dieses moderne Bild von Adolf Kleemann aus dem Jahr 1959. Doch muss das, was es darstellt – die Auferstehung! – uns nicht fremd sein? Können wir das begreifen, was hier geschieht? Unser Leben ist so anders. Unser Leben, es spielt sich unten ab, auch auf diesem Bild.

Unser Leben ist bestimmt von Versagen, Schuld und Angst. Ganz links sehen wir Adam und Eva, nackt, den Apfel in der Hand. Noch haben sie die Chance, der Versuchung zu widerstehen. Noch haben sie die Chance, das Leben im Paradies nicht zu verspielen. Doch Adams Blick, er geht nach unten, zum Boden. „In sich selbst verkrümmt", so beschrieb Luther den Zustand des Sünders. Und Adams Augen sind auf den Tod gerichtet. Ein eitles Weib, so nannte Kleemann die Frau in der Mitte. So sind wir: Bespiegeln uns selbst, machen uns selbst zu unserem Gott. Die Gebote Gottes schweben darüber, doch wir sind mit uns selbst beschäftigt, machen uns unseren eigenen Tod.

Gibt es noch Hoffnung?

Ja, die gibt es. Das Gleichnis vom Feigenbaum, ganz rechts dargestellt, zeigt es uns, der Künstler erklärt es uns mit seinen Worten:

Der gestrenge Herr will den nutzlosen Baum, der keine Frucht bringt, abhauen lassen, der Gärtner bittet ihn um Geduld: „Herr lass' ihn noch dieses Jahr, bis daß ich ihn grabe und ihn bedünge." Der Gärtner darf um Geduld bitten, um sein Haupt ist schon das Licht der Auferstehung sichtbar, der irdische, armselige Jesus ist ja der Auferstandene. So ist nun mitten in der Finsternis der Auferstandene wunderbar am Werk, in ihm erfüllt sich Gottes Wille oben im Himmel wie unten auf Erden. Gottes guter Wille für uns, auch im Wechsel der Zeiten, über den modernen Bauten links und den alten Häusern rechts.[2]

Ja, Gottes Wille wirkt in unserer Welt. Über all dem Schweren, über all dem Sündigen, all dem Leid unserer Welt steht der auferstandene Christus. Manchmal, bei Tag, ist sein Bild auf diesem Altar überstrahlend hell. Manchmal, bei Tag, macht er die Welt unter sich fast vergessen. Heute, in der Nacht, können wir ihn nur erahnen. Doch er ist da. Erlösend, befreiend, himmelwärts.

---

[2]   Zitiert nach Wößner, Johanniskirche, S. 17

Advent 2010

Mose

Ich bin Mose. Vor über dreihundert Jahren stellte man mich unter diese Kanzel. Als ein Zeichen für die Menschen: Die Predigten hier, sie stehen auf dem Grund der Zehn Gebote. Die Predigten, die hier gehalten werden, sie fußen auf dem Alten Testament. Ihr habt gemeinsame Wurzeln mit dem Judentum. Manchmal, in eurer Geschichte, da wäre es gut gewesen, ihr hättet auf dieses Zeichen geachtet.

Ich bin Mose. Vor über dreihundert Jahren stellte man mich unter diese Kanzel.

Vieles habe ich gesehen in dieser Zeit.

Krieg und Zerstörung.

Trauer und große Freude.

Taufen und Beerdigungen.

Jedes Jahr neu, seit dreihundert Jahren, höre ich die Botschaft vom Friede-Fürst. Ehre sei Gott in der Höhe und Friede auf Erden! So hören es die Hirten auf dem Feld bei

Bethlehem. So hört auch ihr es. Gebt ihr Gott die Ehre? Setzt ihr euch ein für den Frieden in der Welt?

Ich sage euch: Diesem Friede-Fürst nachzueifern, sich für den Frieden einzusetzen, das ist nicht immer einfach. Mit großem Ernst müsst ihr das angehen. Mit der Bereitschaft zum Leid, aber auch der Hoffnung auf große Freude. Ich sage euch: Er kommt. Er, der Friede-Fürst.

Johannes der Täufer

Johannes der Täufer mein Name. Hier an der Kanzel stehe ich seit langer Zeit. Zwischen den vier Evangelisten Matthäus, Markus, Lukas und Johannes hat man mich platziert. Schließlich bin ich der Namenspatron dieser Kirche.

Ich bin der, der den Messias taufte. Ich bin der, der auf ihn hinwies. In meiner Zeit rief ich die Menschen zur Umkehr auf. Als Zeichen dieser Umkehr, als Zeichen der Reinwaschung, taufte ich sie im Wasser des heiligen Flusses Jordan. Der Evangelist Markus erzählt von mir: Ich war in der Wüste und predigte die Taufe der Buße zur Vergebung der Sünden. Und es ging zu mir hinaus das ganze jüdische Land und alle Leute von Jerusalem und ließen sich von mir taufen im Jordan und bekannten ihre Sünden.

Ich trug ein Gewand aus Kamelhaaren und einen ledernen Gürtel um meine Lenden und aß Heuschrecken und wilden Honig und predigte und sprach: „Es kommt einer nach mir, der ist stärker als ich; und ich bin nicht wert, dass ich mich vor ihm bücke und die Riemen seiner Schuhe löse.

Ich taufe euch mit Wasser; aber er wird euch mit dem Heiligen Geist taufen."[3]

Zur Umkehr rief ich sie auf. Ich drohte mit Gericht – und ich verhieß die Gnade Gottes, die sich zeigen würde in dem einen. In dem, der endlich zu mir kam. Ich erkannte ihn und fiel vor ihm nieder. Wollte ihn, der keine Sünde kannte und keiner Umkehr bedurfte, nicht taufen, aber er bestand darauf.

So wurde ich zu Johannes, dem Täufer. Zu dem, der dem Messias den Weg bereitete. Zum Rufer in der Wüste. Zum unbequemen Mahner.

Hier, in dieser Kirche, bin ich es auch: Der unbequeme Mahner. Der Krieg hat mich dazu gemacht. Denn niemand wusste nach dem Krieg mehr, was ich einmal in der Hand gehalten hatte. Doch irgend etwas muss es gewesen sein. Die Menschen, die die Kanzel nach den schweren Kriegs-

---
[3] Markus 1, 6-8

schäden wiederherstellten, drückten mir eine Wurfschaufel in die Hand. Ich, der Prophet des Gerichts und der Verheißer der Erlösung, ich hatte nun Anteil an ihrem Leben. Ich war einer von ihnen. Mit der Schaufel machten sie sich auf, den Schutt zusammenzutragen. Mit der Schaufel stand ich wieder hier, an der Kanzel. Einer von ihnen. Einer von euch.

Bis heute mahne ich. Zur Umkehr. Zum Frieden. Ich frage euch: Wo ist Friede unter euch? Wo ist die Gerechtigkeit? Wo die Versöhnung? Wie lange noch muss ich diese Schaufel tragen, euch zur Mahnung?

Bereitet dem Herrn den Weg. Ihm, dem Friedefürst!

Taufstein

Im Jahre des Herrn 1367 ist am 1. August dieser Taufstein gemacht worden durch Conrad Nuzzer und Friedrich Rucker.[4]

Seit 643 Jahren, vier Monaten und zehn Tagen steht dieser Taufstein nun hier. Wie viele Menschen wohl in dieser Zeit hier getauft wurden? Keiner kann sie alle zählen. Doch allen galt und gilt die Zusage Gottes: Du bist mein Kind! Du gehörst zu mir.

---

4   Zitiert nach Wößner, Johanniskirche, S. 261

Das Wasser – das Symbol der Taufe.

Wasser – das Element des Lebens.

Und doch kann man im Wasser untergehen, ertrinken.

Wasser – das Symbol der Taufe.

Der alte Mensch ertrinkt.

Ein neuer Mensch, ein zu Gott gehörender Mensch, taucht aus dem Wasser auf.

Reingewaschen von allem, was ihn von Gott trennt.

Ganz zu Gott gehörig.

Wir sind getauft.

Wir sind Gottes Kinder.

Wir sind geliebt.

Blauer Engel

Ich, der Engel mit den blauen Flügeln, bin ein Cherub. Wir Cherubim bewachen den Garten Eden, nachdem Adam und Eva daraus vertrieben wurden. Ja, eure Erde ist kein Paradies, das wisst ihr selbst. Diese Welt ist voller Krankheit, Trauer und Plage, doch auch voller Hoffnung, voller Freude, voller Liebe.

„Heut schließt er wieder auf die Tür zum schönen Paradeis; der Cherub steht nicht mehr dafür. Gott sei Lob, Ehr und Preis, Gott sei Lob, Ehr und Preis!"[5]

So heißt es in dem alten Weihnachtslied. Ja, die Tür steht offen! Den Schlüssel halte ich in der Hand. Seid ihr bereit, hineinzugehen in das Paradies? Seid ihr bereit für Gottes Angebot der Liebe?

Gott wird ein Mensch wie ihr. Er will euch nahe sein. Er will euch aufrichten, kräftigen, stärken, gründen.[6]

Krippe

Zur Krippe sehen wir. Wir kennen das Bild: Da liegt es, das Kindlein, auf Heu und auf Stroh. Hilflos, klein und arm. Ein Mensch wie wir. Welch ein Wunder: Gott wird Mensch. Einer von uns. Nicht groß, stark und mächtig, sondern klein und zart – doch voller Liebe.

Was für ein Gott, der uns so nahe kommt.

---

[5] Aus: „Lobt Gott ihr Christen allegleich" von Nikolaus Herman, Evangelisches Gesangbuch Nr. 27, Str. 6
[6] 1. Petrus 5, 10

Passion 2011

Mose

Ich bin Mose. Vor über dreihundert Jahren stellte man mich unter diese Kanzel. Als ein Zeichen für die Menschen: Die Predigten hier, sie stehen auf dem Grund der Zehn Gebote. Die Predigten, die hier gehalten werden, sie fußen auf dem Alten Testament. Ihr habt gemeinsame Wurzeln mit dem Judentum. Manchmal, in eurer Geschichte, da wäre es gut gewesen, ihr hättet auf dieses Zeichen geachtet.

Ich bin Mose. Vor über dreihundert Jahren stellte man mich unter diese Kanzel.

Vieles habe ich erlebt in dieser Zeit.

Krieg und Zerstörung.

Naturgewalten, nah und fern.

Aufstände und Revolutionen.

Putsche und Regierungswechsel.

Das große Stadtverderben.

Unendlich große Trauer und Freude.

Taufen und Beerdigungen.

Hochzeiten und Trennungen.

Doch egal, was da kam in der Geschichte dieser Welt, dieses Volkes, dieser Kirche: Immer wieder, Sonntag für Sonntag, hörte ich davon, wie Gott die Menschen liebt. Auch dann, wenn die Menschen daran zweifelten angesichts ihres Elends und ihrer Not. Von Anbeginn an hält Gott die Welt in seiner Hand. Mag sein, dass sie nicht perfekt ist, diese Welt. Doch das Versprechen, das Gott schon mir damals gegeben hat, es gilt weiter: Ich bin, der ich bin. Ich werde sein, der ich sein werde. Ich bin bei euch bis ans Ende der Welt.

Lukas

Lukas ist mein Name. Ich habe die Geschichte Jesu niedergeschrieben in meinem Evangelium. Die Worte, die euch am bekanntesten sind, das ist wohl meine Erzählung der Weihnachtsgeschichte. Aus meinem zweiten Kapitel: „Es begab sich aber zu der Zeit, dass ein Gebot von dem Kaiser Augustus ausging, dass alle Welt geschätzt würde. Und diese Schätzung war die allererste und geschah zur Zeit, da Quirinius Statthalter in Syrien war. Und jedermann ging, dass er sich schätzen ließe, ein jeder in seine Stadt."[7]

Jahr für Jahr hört ihr diese Erzählung an Weihnachten. Doch damit beginnt mein Evangelium erst richtig. Ich habe euch erzählt von Jesus, so, wie er mir geschildert wurde. Ein Mensch, wie er menschlicher nicht sein könnte. Ganz und gar den Menschen zugewandt. Für die Armen, die Kranken, die Blinden und Gelähmten, die Verzweifelten, die Aussätzigen: Allen brachte er Heilung. Ja, ein großer Heiler war er. In seiner Nähe war Gottes Gegenwart spürbar wie nirgends sonst.

Manchen war das zu viel. Für manche war das bedrohlich. Es stellte ihre Lebenserfahrung auf den Kopf. Und so kam es, dass Jesus, dieser unvergleichliche Mensch, als Verbrecher hingerichtet wurde.

Vierung der Kirche

Ein vertrauter Anblick für uns: Dieses Gewölbe. Wir kennen große Kirchen. Wir sind Größeres gewohnt. Doch wie mag es den Menschen gegangen sein, die es damals gebaut haben?

---

[7] Lukas 2, 1-3

Viel wagten sie mit dem Bau dieses heute ältesten Teils der Kirche. Gedrungene, erdverbundene Gebäude mit runden Bögen, so waren sie es aus der Romanik gewohnt. Dunkel, am besten ohne Fenster, damit das Böse nicht eindringen konnte. Doch nun: Himmelstrebende Säulen, die ein luftig anmutendes Dach in schwindelerregender Höhe tragen. Fenster, die Licht hereinlassen. Elegante Spitzen statt altmodischer runder Bögen. Spielerische Verzierungen überall. Keine Säule gleicht exakt der anderen. Statt dunkler Gedrücktheit herrscht hier fröhliche Offenheit. Ein Gefühl von Weite, ein Vorgeschmack des Himmels. Die Verbindung von Himmel und Erde.

Die massiven und doch im Vergleich zu früher so schlanken Säulen: Das sind die Apostel und Propheten, die den christlichen Glauben tragen, Jesus ist der Schlussstein, der eine Mauer mit der anderen verbindet.

Ehrfürchtig geht der Blick nach oben. Weite, Größe und Erhabenheit: Ja, das ist ein Haus Gottes. Ein Abbild unseres Glaubens. Jesus macht unsere Herzen weit. Wir lassen unser Gebet aufsteigen zum Himmel.

Kreuzigungsbild von Emil Scheibe

Emil Scheibe mein Name. Bis 1945 arbeitete ich als Kunsterzieher in Schweinfurt, damals war ich noch sehr unbekannt. Erst viel später gelangte ich als Künstler zu einigem Ruhm. Dieses Bild hier: Ich malte es im Jahr 1948. Wie es in die Sakristei der Gustav-Adolf-Kirche kam, kann keiner mehr genau sagen. Nun hängt es hier. Nicht der auffälligste Platz. Doch einer der wenigen, die so ein großes Bild aufnehmen konnten.

Schwer war die Zeit, damals, nach dem Krieg. Was hatten wir Deutschen für große Schuld auf uns geladen. Vieles hatten wir doch auch selbst gar nicht gewusst, na ja, vielleicht geahnt. Ich malte eine ganz normale Kreuzigungsszene – doch mit Menschen meiner Zeit, mit Menschen hier aus Schweinfurt. Maria, Maria Magdalena und Johannes. Seht ihr sie? Seht ihr das Mädchen da unten? Blond ist sie. So blond wie das Ideal der Nationalsozialisten. Und nun kniet sie da, beweint die große Schuld, die wir gegenüber dem Juden Jesus haben. Welch eine erschreckende Erkenntnis war es für uns: Die Konzentrationslager zu sehen. Die unvorstellbaren Zahlen zu hören. Alles Entsetzen habe ich in den Blick dieser Frau gelegt. Die Augen weit aufgerissen. Die Hand vorm Mund, die andere Hand rauft ihre Haare: Unsere Schuld, unsere große Schuld, hier am Kreuz des Juden Jesus.

Johannes im Kreuzigungsbild

Ich bin Johannes. Aus diesem Bild spreche ich zu euch. Ich, der Mann im Hintergrund. Der Jünger, den Jesus liebte, so heißt es im Evangelium. Ja, Jesus liebte mich, wie natürlich auch die anderen Jünger. Doch irgendwie verband uns mehr. Eine Männerfreundschaft. Nicht nur Gefährten. Er war für mich einer, wie ich ihn nie wieder finden würde. Ein Vorbild. Ein Hoffnungsträger. Tiefe Gespräche haben wir geführt, oft bis spät in die Nacht. So zugewandt den Menschen, so offenherzig, so lebensfroh und doch ernsthaft wie Jesus – so einen Menschen gab es nur einmal. Alle Hoffnung hatte ich auf ihn gesetzt. Der Messias war er für mich. Der, der uns die Erlösung bringen würde. Ich war nicht so naiv zu glauben, es wäre die Erlösung von unseren Besatzern, den Römern. Nein, seine Erlösung ging tiefer. Es war eine Erlösung von allem, was uns band. Von den gnadenlosen Sachzwängen, die uns immer zu binden schienen. Von der Alternativlosigkeit, vor der wir oft zu stehen schienen. Wo andere ein Entweder-Oder sahen, ging er oft einen ganz anderen Weg. Wo andere am Ende waren, kam er und heilte sie. Nicht nur am Körper, sondern zuallererst an der Seele.

Er war meine Hoffnung. All meine Hoffnung. Er war mein Leben. Und nun hing er da, am Kreuz. Als Verbrecher hingerichtet. Und selbst im Sterben fand er noch tröstende Worte. Er gab Maria einen neuen Sohn: mich. Und mir gab er die Mutter, die ich nicht gehabt hatte.

Dennoch – mit seinem Tod schien alles aus für uns. Alles vorbei. Keine Zukunft mehr. Keine Hoffnung.

Kruzifix im Chorbogen

Seit einhundert Jahren hängt es hier im Chorbogen: Das Kruzifix. Doch es ist viel älter. Seit 1484 war es Teil des damaligen Hauptaltars, ersetzte ihn später sogar eine Zeitlang, als dieser vermodert war. Dann verlor sich seine Spur. Erst 1911 zog man es aus einem Verschlag neben der Orgel hervor und hängte es hier auf. Über allem, was in dieser Kirche geschieht hängt nun er: Jesus am Kreuz.

Jesus am Kreuz: Für all das, was in unserem Leben falsch gelaufen ist.

Jesus am Kreuz: Er, der von keiner Sünde wusste, hat unsere Schuld auf sich genommen, damit wir leben können.

Jesus am Kreuz: Wir meinten, wir könnten die Erde gestalten nach unserem Willen. Doch stehen wir vor einem Scherbenhaufen. Die ganze Welt leidet. Millionen hungern. Eine Regierung bekämpft das eigene Volk. Atomare Strahlenwolken verseuchen ganze Landstriche. Und wir, wir sind gefangen in unseren kleinlichen Streitereien, Eifersüchteleien, unserem Streben nach Erfolg und Anerkennung.

Jesus am Kreuz: Erbarme dich. Unsere ganze Welt leidet. Und du leidest mit – am Kreuz. Für uns.

Osterkerze

Lass uns auferstehn! So rufen wir zu Gott. Lass uns entkommen der Dunkelheit, der Zerstörung, dem Hass, der Verfolgung, den ewigen Katastrophen, der Krankheit, dem Tod.

Lass uns auferstehn! Gott, wir sehnen uns danach. Wir bangen. Wir hoffen.

Mitten in der dunklen Nacht des Todes sehen wir ein kleines, sanftes Licht. Die Osterkerze. Symbol der Hoffnung. Zeichen der Auferstehung. In der dunklen Nacht vor dem letzten Ostern war sie das erste Licht, das diese Kirche erhellte. Und sie erhellt sie bis heute. Klein. Sanft. Nicht groß, stark und mächtig. Kaum wahrnehmbar am hellen Tag, doch deutlich sichtbar im Dunkeln.

Lass uns auferstehn! So rufen wir zu Gott. All unsere Hoffnung liegt auf dir. Zu dir beten wir in der Dunkelheit. Zu dir beten wir mit den Worten, die du uns gelehrt hast.

Advent 2011

Mose

Ich bin Mose. Vor über dreihundert Jahren stellte man mich unter diese Kanzel. Als ein Zeichen für die Menschen: Die Predigten hier, sie stehen auf dem Grund der Zehn Gebote. Die Predigten, die hier gehalten werden, sie fußen auf dem Alten Testament. Ihr habt gemeinsame Wurzeln mit dem Judentum. Manchmal, in eurer Geschichte, da wäre es gut gewesen, ihr hättet auf dieses Zeichen geachtet.

Ich bin Mose. Vor über dreihundert Jahren stellte man mich unter diese Kanzel.

Was habe ich alles gesehen in dieser Zeit. Was habe ich erlebt an Sorgen und Ängsten, Krieg und Zerstörung, an Hoffnung und Freude. Jeden Sonntag höre ich, was euch bewegt. Immer häufiger höre ich dabei dieses Wort: Krise.

Umweltkrise.

Weltwirtschaftskrise.

Eurokrise.

Ihr wisst, dass die Erde dem Abgrund zusteuert. Ihr wisst, dass ihr das Klima retten müsst – und tut so wenig dafür. Ihr wisst um die Ungerechtigkeiten in der Welt, um die Hunger- und Gesundheitskatastrophen – und spendet mal zehn Euro.

Hatte Gott nicht eine andere Welt versprochen? Eine Welt des Friedens und der Versöhnung? Wo bleibt er, der Friede-Fürst? Der, den die Engel vor zweitausend Jahren besungen haben, am Stall von Bethlehem? Ich höre euer oft nur noch stummes Gebet nach dem Erlöser. Ich sehe die Sehnsucht in euren Augen nach einer friedvolleren Welt. Komm, du heilender Erlöser. Komm, Trost der ganzen Welt! Komm, oh Heiland, reiß die Himmel auf!

Der Engel an der Kanzel

Ach, wie niedlich! Ein kleines, putziges Engelchen. Damals, in der Barockzeit, da waren wir groß in Mode. Die kleinen Engelchen. Manchmal Hunderte in einer Kirche. Auch ich bin nicht der einzige hier. Schmückendes Beiwerk, schön anzuschauen. Nichts Besonderes. In keinem Kirchenführer erwähnt.

Heute sind wir wieder groß in Mode, wir Engel. Lieder singen von uns. Eltern geben ihren Kindern einen Taufspruch mit wie „Er hat seinen Engeln befohlen, dass sie dich behüten auf allen deinen Wegen." Und wir schmücken in der Adventszeit euer Leben. Auf den Fensterbrettern, im Adventskranz, im Weihnachtsbaum. In Büchern und Geschichten. Klein und putzig, so wie ich. Manchmal auch groß und erhaben, ganz in weiß, an der Krippe.

Boten sind wir. Gottes Stimme verkünden wir. Die mag manchmal klein und leise sein, so wie ich, so wie das Baby im Stall. Aber lieblich und putzig: Das ist sie nicht, die Stimme Gottes. Sie verändert die Welt. Sie bringt euch die Freude, nach der ihr euch sehnt. „Siehe, ich verkündige euch große Freude, die allem Volk widerfahren wird". Daran will ich euch erinnern, wenn ihr mich seht. Nicht nur in der Advents- und Weihnachtszeit. Jeden Tag im ganzen Jahr. An den hellen und schönen Tagen, aber ganz besonders auch an den dunklen und traurigen.

Der Heilige Geist

Eine Taube schwebt über denen, die auf dieser Kanzel predigen. Die Taube: Ein schillerndes Symbol. Die Friedenstaube, seit sie Noah einen grünen Zweig zur Arche brachte. Symbol für den Heiligen Geist seit Jesu Taufe. So erzählt es Matthäus: „Als Jesus getauft war, stieg er alsbald herauf aus dem Wasser. Und siehe, da tat sich ihm der Himmel auf, und er sah den Geist Gottes wie eine Taube herabfahren und über sich kommen. Und siehe, eine Stimme vom Himmel herab sprach: Dies ist mein lieber Sohn, an dem ich Wohlgefallen habe."[8]

Eine Taube schwebt über denen, die auf dieser Kanzel predigen. Als stumme Bitte und als Symbol. Die, die hier sprechen, mögen Gottes Geist empfangen. Die, die hier sprechen, mögen es im Geiste Gottes tun. Und die, die es hören, mögen ihn empfangen: Den Geist Gottes. Den Geist des Friedens. Die Botschaft der Versöhnung.

Die Tür

„Macht hoch die Tür, die Tor macht weit, es kommt der Herr der Herrlichkeit." So singen wir im Advent. Diese Tür: Sie ist nichts Besonderes, so scheint es. Von außen jedoch wirkt sie anders. Ein Kompromiss der Erbauer vor vielen hundert Jahren: Die Kirche nach Westen ausgerichtet, wie üblich. Doch das Portal zur Stadt lag im Süden. So wurde diese Tür, die sonst keiner beachtet hätte, zur schönen Seite der Kirche. Das Querschiff, in dem wir uns befinden: Viel breiter als in anderen Kirchen. Die Mauer in unserem Rücken, nahe an der Stadtmauer: Viel dicker als alle anderen. Und diese Seite: Schön gestaltet. Fast wie ein

---

[8] Matthäus 3, 16-17

Haupteingang zur Kirche. Hier gingen sie ein und aus, die Menschen aus der Stadt. Auf dieses Tor blickten sie, wenn sie zur Kirche kamen. Von innen unscheinbar, von außen prachtvoll verziert: So lädt es uns heute noch ein. Zu Gott zu kommen. Uns selbst zu öffnen. Unsere eigenen Tore und Türen aufzumachen. Die Türen im Herzen. Für den, der da kommt im Namen des Herrn.

Altarbild: der Tod

Da bin ich. Der Tod.
Na?
Jetzt hättet ihr mich nicht erwartet.

Mitten in eurer Gefühlsduselei
von Ankunft, Herzelein, Engelein,
von Friede, Freude, Eierkuchen.

Ich störe eure schöne Andacht.
Entschuldigung.
Immer komme ich ungelegen.

Immer wollt ihr mich nicht haben.
Wollt lieber Kerzchen anzünden,
Lichter gegen die Dunkelheit.

Nur manchmal

wenn ihr leidet

wenn Krankheit euch umfängt

dann bin ich

ein gern gesehener Gast.

Der Friede-Fürst, er soll euch retten.

Dass ich nicht lache.

Ich bin der Herr der Welt.

An mir kommt keiner vorbei.

Ihr mögt an Jesus Christus glauben oder nicht.

Aber **ich** kriege euch alle.

Mitten im Leben

berühre ich euch

Verluste.

Dunkelheit.

Schmerzen.

Tod.

Maria

Ich bin Maria.

Ja, ihr kennt mich alle.

In meinem Bauch wuchs die Hoffnung der Welt heran.

Tod, was schreist du so?
Du bist doch nur lächerlich.
Du kannst uns nicht mehr ängstigen.
Tod, wo ist dein Stachel?
Stumpf ist er geworden.

Mein Kind: Es bringt das Leben
für alle, die auf ihn vertrauen.
Ewiges Leben.
Gott, der Gott des Lebens,
schenkt uns die Erlösung
von dir, Tod.

Mich hat Gott auserwählt.
Eine einfache, junge Frau.
Ich trage es in mir.
Ich kann es fühlen:

Hoffnung.
Freude.
Leben.

Weißer Engel

Ich bin der weiße Engel. Ich bringe die Botschaft zu den Menschen: „Fürchtet euch nicht! Siehe, ich verkündige euch große Freude, die allem Volk widerfahren wird; denn euch ist heute der Heiland geboren, welcher ist Christus, der Herr, in der Stadt Davids."

Zu den Hirten bin ich zuerst gekommen. Zu armen Menschen, mit denen keiner so recht was zu tun haben wollte. Gottes Botschaft gilt allen, ja. Aber da, wo Friede sein soll, da muss diese Botschaft zuerst die erreichen, die nichts haben. Die ohne Hoffnung und ohne Habe im Leben stehen. Die einsam sind. Die keine Rechte zu haben scheinen. Ihnen gilt Gottes Botschaft. Ihnen überbringe ich sie gern: Fürchtet euch nicht! Siehe, ich verkündige euch große Freude, die allem Volk widerfahren wird; denn euch ist heute der Heiland geboren, welcher ist Christus, der Herr, in der Stadt Davids.[9]

---

[9] Lukas 2, 10-11

Roter Engel

Ich bin der rote Engel. Ein Seraph. Einer der ganz Großen in der Engelshierarchie. Mein Herz ist rot. Ein brennendes Herz. Es glüht vor Freude über das, was hier geschieht. Ich mag einer der ganz großen Engel sein. Doch das, was hier geschieht: Das ist größer als alles, was ich je erlebt habe. Gottes Sohn ist Mensch geboren! Lasst diese Botschaft in eure Herzen. Lasst auch eure Herzen brennen. Vor Freude. Vor Liebe. Vor Anbetung. Gottes Sohn ist einer von euch!

Passion 2012

Mose

Ich bin Mose. Vor über dreihundert Jahren stellte man mich unter diese Kanzel. Als ein Zeichen für die Menschen: Die Predigten hier, sie stehen auf dem Grund der Zehn Gebote. Die Predigten, die hier gehalten werden, sie fußen auf dem Alten Testament. Ihr habt gemeinsame Wurzeln mit dem Judentum. Manchmal, in eurer Geschichte, da wäre es gut gewesen, ihr hättet auf dieses Zeichen geachtet.

Ich bin Mose. Vor über dreihundert Jahren stellte man mich unter diese Kanzel. Ich habe jeden einzelnen Gottesdienst miterlebt, hier in dieser Kirche. Ich habe euch gesehen, wenn ihr mühselig und beladen wart. Wenn ihr fröhlich wart oder voller Sorgen.

Ich weiß: Zu ihm könnt ihr kommen mit allem, was euch belastet. Ja, eure Sorgen sind ihm nicht verborgen.

Nehmt ihr das Ernst?

Vertraut ihr wirklich darauf, dass Gott euch nahe ist?

Lasst euch beschenken von Gott.

Mit einem neuen, ungeteilten Herz.

Mit einem neuen Lied in eurem Mund.

Mit Gottes Geist.

Johannes an der Kanzel

Johannes der Täufer ist mein Name. Der Namenspatron dieser Kirche. Schon einmal habe ich zu euch gesprochen. Als unbequemer Mahner. Der Krieg hat mich dazu gemacht. Denn niemand wusste nach dem letzten Krieg mehr, was ich einmal in der Hand gehalten hatte. Doch irgend etwas muss es gewesen sein. Die Menschen, die die Kanzel nach den schweren Kriegsschäden wiederherstellten, drückten mir eine Wurfschaufel in die Hand. Mit der Schaufel machten sie selbst sich auf, den Schutt zusammenzutragen. Mit der Schaufel stehe ich nun wieder hier, an der Kanzel. Euch zur Mahnung:

Eure schöne Botschaft vom Friede-Fürst: Sie ist nur Makulatur in dieser Welt.

Friede, Versöhnung, Gerechtigkeit: Davon seid ihr weiter entfernt als jemals zuvor, so scheint mir.

Jeder will ein Stück vom Kuchen.

Jeder will die erste Reihe.

Wer steht für den anderen auf?[10]

Für den Schwachen?

Für den, der am Rand ist?

Wer steht auf für Friede, Versöhnung, Gerechtigkeit?

Ihr wisst, wohin euer Stolz, eure Eigensucht, eure Gier dieses Land geführt haben.

Täglich erzähle ich davon, euch zur Mahnung.

Foto der Schule

„Wir lebten in einer Oase des Friedens." – so ist die Ausstellung über die jüdische Mädchenschule in Wolfratshausen überschrieben. Doch der Krieg und eine unmenschliche Ideologie hielten nicht inne vor diesem Ort. Hass und Verachtung. Überheblichkeit. Unverständnis. Blinde Befehlsausübung und sehendes Wegschauen.

Etliche der Mädchen ließen ihr Leben. Nur, weil sie der falschen Rasse angehörten. Von vielen verliert sich die Spur, doch von diesen haben wir die traurige Gewissheit, dass sie ermordet wurden:

---

[10] Nach dem Lied „Wer steht für den anderen auf" von Klaus Hoffmann

Margot Aichhorn

Frieda Bergmann

Marianne Bing

Minna Fischl

Irene Frank

Anita Frank

Ruth Gittler

Ruth (Lilli) Goldmann

Eva Hamburger

Lore Hanf

Bella Hesse

Ilse Hohenberg

Rosa Joskarwitz

Ingeborg Kaufmann

Hanna Königsfeld

Ruth Ladenburger

Lotte Mainzer

Käthe Oestreicher

Elfriede Schild

Susanne Schwab

Frieda Seligmann

Martha Seligmann

Sofie Sommer

Lore Speier

Lilo Stern

Lore Troplowitz

Adeline Wainschel

Ilse Wartelsky

Lasst uns einen Moment in der Stille ihrer gedenken und dann schweigend weitergehen zur nächsten Station.

Hoffnungsbaum

Mitten in der Verwüstung
Mitten im Hass
Mitten in der Nacht:

Grün.

Ein Pflänzchen.
Klein und unscheinbar.
Doch kann es den Tod besiegen.

Wächst.
Der Sonne entgegen.
Dem Licht.

Grün
wird zum Baum
Dem Baum der Hoffnung
Dem Baum der Versöhnung
Dem Baum des Lebens.

Grün

Ein Pflänzchen
Der Beweis:
Leben ist möglich.
Immer noch.

Grün

Ein Pflänzchen
Leben
Liebe.

Vor dem Kreuz

Krank ist unsere Welt, oh Jesus.
Krank, gemein, kalt und dunkel.

Wer steht für den anderen auf?
Jeder will die erste Reihe – jeder will den letzten Tanz.

Krank ist unsere Welt, oh Jesus.
Weit entfernt sind wir vom Paradies.

Das Paradies ist teuer – das Paradies hat seinen Preis.[11]
Wer zahlt?

Du bist aufgestanden für andere.
Du warst der Ich-bin-da.

Du brachtest Heilung. Liebe. Nähe.
Du zahltest den Preis.

Zu dir schauen wir und werden geheilt.

Denn also hat Gott die Welt geliebt, dass er seinen eingeborenen Sohn gab, damit alle, die an ihn glauben, nicht verloren werden, sondern das ewige Leben haben. [12]

---

11   Nach dem Lied „Wer steht für den anderen auf" von Klaus Hoffmann
12   Johannes 3, 16

Maria

Ich bin Maria. Seit mindestens 600 Jahren stehe ich in dieser Kirche, vielleicht auch noch länger. Niemand weiß mehr, wer mich geformt hat. Niemand weiß mehr, wo ich ursprünglich stand. Sechzig lange Jahre war ich gar in Nürnberg, ausgeliehen ans Germanische Museum. Vor 120 Jahren schrieb der damalige Dekan über mich: „Die Figur, welche für uns gar kein Interesse hat, niemals mehr gebraucht werden kann und in Nürnberg jedenfalls öfter angesehen wird als hier."[13]

Schade, dass die Menschen damals so gar keinen Sinn für mich hatten. Denn ich hätte ihnen so viel zu sagen gehabt. Die ganze frohe Botschaft hat der Künstler in mich hineingelegt.[14]

Seht mich an. Einen Apfel halte ich in der linken Hand. Der Apfel, Zeichen der Sünde. In der linken Hand, der Seite des Bösen. Doch von rechts kommt die Erlösung. Ich halte sie im Arm. Jesus, der Christus. Der Gesalbte. Der Erlöser. Der Menschensohn. Nicht als kleines Kind dargestellt, eher als Erwachsener. Er greift danach. Er überwindet die Sünde. Sein Blick aber ist nicht auf mich gerichtet.

---
13 Zitiert nach Wößner, Johanniskirche, S. 186
14 Die folgende Deutung wurde entnommen und umformuliert aus Wößner, Johanniskirche, S. 184-185.

Er geht nach oben, zu Gott. Auch seine Hand weist an mir vorbei. Zu dem, von dem alles kommt. Die Erlösung. So schreitet er festen Schrittes auf die linke Seite zu. Auf die Seite des Todes. Der Sünde. Der Verdammnis. Er wird sie überwinden.

Ich, Maria, ich bin nur ein Werkzeug meines Herrn. Schaut euch meine Krone an: Selbst sie ist ein Hinweis auf Jesus. Die fünf Zacken erinnern an die fünf Wunden Jesu. Und mein Gürtel: Die Form des Kreuzes. Fünf Lochscheiben wiederum, auch hier diese Zahl. In der Mitte: Ein langer Metalldorn, von links nach rechts. Die Durchbohrung in der Mitte meines Leibes, so wie Simeon es mir geweissagt hat: Ein Schwert würde durch meine Seele gehen.

Acht Linien meines Schultertuchs weisen auf das Kind. Acht: Die Zahl des „achten Schöpfungstags", des Tags der Auferstehung. Drei dieser Linien sind mit Rüschen besetzt, als würden sie sagen: „Am dritten Tage auferstanden von den Toten".

Ich, Maria, sage euch: Ihr könnt Hoffnung haben. Mein Sohn ist es. Der Menschensohn. Der Gesalbte Gottes. Der Messias. Der Christus. Eure Welt ist nicht nur dunkel, kalt und krank. Eure Welt ist schön. Lebenswert. Erhaltenswert. Und das, was ihr euch am sehnlichsten erhofft: Das wird. Das kommt. Ich weiß.

Advent 2012

Mose

Ich bin Mose. Vor über dreihundert Jahren stellte man mich unter diese Kanzel. Als ein Zeichen für die Menschen: Die Predigten hier, sie stehen auf dem Grund der Zehn Gebote. Die Predigten, die hier gehalten werden, sie fußen auf dem Alten Testament. Ihr habt gemeinsame Wurzeln mit dem Judentum. Manchmal, in eurer Geschichte, da wäre es gut gewesen, ihr hättet auf dieses Zeichen geachtet.

Ich bin Mose. Vor über dreihundert Jahren stellte man mich unter diese Kanzel.

Jeden Sonntag und an vielen anderen Tagen habe ich von euch gehört. Von euren Sorgen und Ängsten, euren Nöten, eurer Trauer. Aber auch von eurer Freude, eurer Hoffnung.

Eine Welt des Unfriedens ist es, von der ich höre. In meinem Heiligen Land herrscht Unfriede zwischen Israeliten und Palästinensern. Bei unseren Nachbarn in Syrien herrscht Bürgerkrieg. Und Ägypten auf der anderen Seite, das Land, aus dem ich mit meinen Landsleuten ausgezogen bin, es erhebt sich nun schon zum zweiten Mal gegen seinen Herrscher.

Vom Friede-Fürst erzählt ihr wieder in diesen Tagen. Von eurer Hoffnung auf eine bessere Welt. Ein Sehnen ist in euch, nach Hoffnung, nach Liebe, nach Gottes Nähe. Ich sehne mich mit euch.

Der Engel auf dem Kanzeldeckel

Engel. Was ihr euch darunter so alles vorstellt. Süße, kleine Engelein, in Marzipan gegossen, in Gold getaucht. Wir singen und jubilieren. Wir verkünden den Frieden.

Doch hier müsst ihr erkennen, wie wenig ihr doch von uns versteht. Von den Boten Gottes. Wir sind nicht nur süß und putzig. Seht ihr, was wir hier in den Händen halten? Es sind die Marterwerkzeuge, an denen euer Friedefürst gestorben ist! Wir fünf Engel, wir halten sie in der Hand. Wir weisen auf den Auferstandenen, der über uns steht. Aber wir zeigen euch: Er musste hier hindurch. Der Friedefürst musste durch das Leid und den Tod hindurch. Weihnachten, das Fest der Liebe: Doch die Liebe Gottes zu euch Menschen, sie ist so radikal, so tief, so unaufhaltsam, dass sie sogar den Tod auf sich nimmt.

Stab und Schwamm, Dornenkrone, Nägel und Hammer, Lanze und die Leiter erinnern euch daran, wenn ihr in dieser Kirche seid: Es sind eure Vergehen. Eure Eigensucht, eure Engstirnigkeit, euer Unfriede, der euch vertrieben hat aus dem Paradies. Der euch entfernt vom Frieden. Der euch vertreibt von Gottes Nähe.

Stab und Schwamm, Dornenkrone, Nägel und Hammer, Lanze und die Leiter erinnern euch daran, wenn ihr in dieser Kirche seid: Der Friede ist nicht umsonst zu haben – aber Gott hat den Preis für euch bezahlt.

Taufstein: Petrus und der Schlüssel

Ich bin Petrus. Der Jünger Jesu, zu dem Jesus sagte: Ich will dir die Schlüssel des Himmelreichs geben.

Ich bin Petrus. Mit Paulus, dem großen Prediger und Missionar der frühen Christenheit stehe ich hier, auf diesem Bild, am Taufstein. Ich halte den Schlüssel in der Hand. Als ein Zeichen: Das, was hier geschieht, an diesem Taufstein: Es öffnet die Tür für euch. Die Tür ins Reich Gottes. Wenn ihr getauft seid, dann gehört ihr schon dazu. Wenn ihr getauft seid, dann liegt euer Tod eigentlich schon hinter euch. Ertrunken seid ihr im Wasser der Taufe. Wir haben das früher oft deutlicher gezeigt, wenn wir einen

Menschen ganz im Wasser untergetaucht haben. Doch letzten Endes ist das alles nur ein Symbol. Dafür, dass der alte Mensch vergeht und ein neuer aus dem Wasser des Lebens emporsteigt.

Ich bin Petrus. Ich habe den Schlüssel des Himmelreichs in der Hand. Und ich sage euch: Der Weg steht offen! Geht ihn ohne Furcht, ohne Zweifel, voll Vertrauen.

Die alten Orgeln

Die St. Johanniskirche: Eines der ältesten Gebäude der Stadt. Das nehmen wir einfach so hin. Wissen wir wirklich, was das bedeutet? Können wir erfassen, welche Geschichte diese Kirche hinter sich hat? Können wir auch nur annähernd begreifen, wer alles in diesem Gebäude gewirkt, gepredigt, musiziert, gebetet hat?

In der Geschichte dieser Kirche standen an dieser Stelle drei verschiedene Orgeln. Die erste wurde im Jahr 1570 errichtet, die letzte 1951 abgebaut. Von 1664 bis heute sind 37 Kantoren und 23 Organisten belegbar. Darunter etliche Mitglieder der berühmten Musikerfamilie Bach. Nahe und ferne Verwandte des großen Johann Sebastian Bach haben hier gespielt, die Kantorei geleitet, Chöre und Orchester dirigiert.

Die Musik ist verklungen. Eine neue Orgel steht an anderer Stelle. Heute erinnert nur noch eine Tafel neben der Tür zur Sakristei an die Kirchenmusik vergangener Zeiten. Vielleicht, in der Stille, können wir ein wenig erahnen von dem, was hier geschah.

Stille

Still werden.

Vor dir, mein Gott.

Nachspüren dem,
was Menschen vor mir taten.

Unbegreiflich ist es mir,
sind's doch nur vierhundert Jahre.

Tausend Jahre sind vor dir
wie der Tag, der gestern vergangen.
Was bin ich, Gott?

Ein kleiner Tropfen
im Meer der Zeit
schnell vergessen
von den Menschen.

Doch du, Gott,
du kennst mich.

Von Angesicht zu Angesicht.

Du weißt meinen Namen.

Du kennst meine Sehnsucht,

meine Hoffnung,

meine Angst.

Du, Gott,

du kennst mich

in Ewigkeit.

Meine Seele ist stille vor dir.

Sonne in der Vierung

Stille. Leere. Weite. Die Blicke streben nach oben, himmelwärts. Vor fast achthundert Jahren wurde dieses Querschiff der Kirche erbaut. Gewaltig wirkte es auf die Menschen der Zeit, noch viel gewaltiger als auf uns heute, die wir manch große Bauwerke gewohnt sind.

Stille. Leere. Weite. Die Blicke streben nach oben, himmelwärts. Und dort, am obersten Punkt: Eine Sonne. Das Licht der Welt, es strahlt auf diesen weiten Raum herab. Das Licht der Welt, es kommt herunter zu uns. Auf uns, die wir klein und verloren hier stehen. Auf uns, die wir staunend die Weite bewundern. Auf uns wie auf unsere Vorfahren vor achthundert Jahren.

Das Licht der Welt: Es ist uns nahe. Unsere Sorgen und Ängste, unsere Schuld und unsere Not drücken uns zu Boden. Doch die Weite des Himmels umfängt uns. Das Licht der Welt scheint auf uns herab. Er ist's. Jesus Christus. Das Licht der Welt. Der Friedefürst. Der Heiland aller Welt. Er verbindet beide Sphären. Unsere niedrige, kleine, enge Welt mit dem Reich Gottes, mit Weite und Unendlichkeit.

Das Licht der Welt – es kommt zu uns. Erfüllt uns. Lassen wir es zu? Erstrahlen wir selber neu – in diesem Licht?

Der weiße Engel

Frieden!

So verkündet der Engel.

Doch unsre Welt
ist nicht
Frieden.

Gebeugt von Streit,
Hass und Ungerechtigkeit
steht er gerade noch aufrecht

und segnet uns.

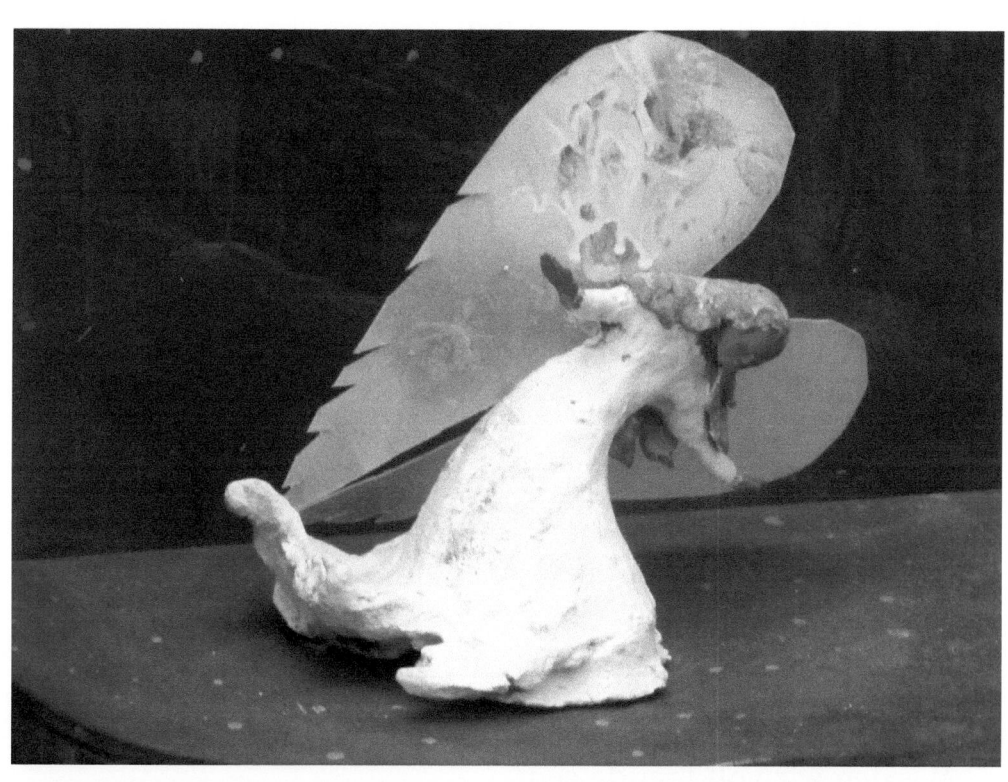

Frieden!

Frieden!

Wie sehnen wir uns danach.
Wie angstvoll und doch
manchmal auch fasziniert
blicken wir auf die Nachrichten
von Krieg, Hass und Zerstörung.

Frieden!

Wie sehnen wir uns danach.
Das Friedensreich Gottes?
Weit weg scheint es zu sein.
Doch da ein freundlicher Blick
dort eine helfende Hand

Frieden!
Wie sehnen wir uns danach.
Wird er kommen, der ewige Friede?
Wird sie kommen, die Versöhnung?
Werden wir voll Freude sein,
eines Tages?

Frieden!
Gott verspricht es uns. Das wird. Das kommt. Ich weiß.

Passion 2013

Mose

Ich bin Mose. Vor über dreihundert Jahren stellte man mich unter diese Kanzel. Als ein Zeichen für die Menschen: Die Predigten hier, sie stehen auf dem Grund der Zehn Gebote. Die Predigten, die hier gehalten werden, sie fußen auf dem Alten Testament. Ihr habt gemeinsame Wurzeln mit dem Judentum. Manchmal, in eurer Geschichte, da wäre es gut gewesen, ihr hättet auf dieses Zeichen geachtet.

Ich bin Mose. Vor über dreihundert Jahren stellte man mich unter diese Kanzel. Ich höre, was euch beschäftigt. Sehe Krisen, Kriege, Neuanfänge. Nach dreihundert Jahren kann ich sagen: Vieles, was euch so dringend beschäftigt – es wird unwichtig, klein und unbedeutend.

Und das, was ihr so oft vergesst und verdrängt, das wird viel wichtiger. Die Frage: Was kommt danach? Die Frage: Wie gestaltet ihr euer Leben? Was heißt es, gottgefällig zu leben?

Wie oft vergesst ihr vor lauter Tagesgeschäft, kleinen Lebenskrisen und großen Finanzkrisen, über diese Fragen nachzudenken? Wie sehr verzettelt ihr euch in eurem Leben – und verliert das große Ziel aus den Augen?

Euren eigenen Vorteil sucht ihr. Verschließt die Augen vor dem Leid der Welt. Verschließt die Augen vor Gottes Willen. Wegen eurer Selbstsucht, eurer Bequemlichkeit, eurer Habgier musste er sterben. Er: Der Sohn Gottes. Der Retter der Welt.

Herrenchor

Der Herrenchor. Selbst in dieser so geschichtsträchtigen Kirche einer der Orte mit einer besonders reichen – und besonders undurchsichtigen Baugeschichte. Einst wohl eine Kapelle, auch wenn keiner weiß, wem sie geweiht war. Möglicherweise der Begräbnisplatz der Ratsherren. Nach der Reformation der Ort, an dem die Ratsherren, von einem erhöhten Platz aus, am Gottesdienst teilnahmen.

Vermutlich irgendwann eingestürzt, anders wieder aufgebaut. Mal mit Rundbogen, mal mit zwei Spitzbögen. Im Krieg zerstört, danach wieder aufgebaut.

Heute sitzt kaum einer gerne hier. „Auf dem Präsentierteller" sitze man da. Und einen schlechten Blick habe man, so ist zu hören. Sich selbst erhöhen, sich herausstellen, so wie die Ratsherren früher – das ist heute nicht mehr so gern gesehen.

Und doch: Steckt es nicht in uns? Die Sehnsucht, etwas Besonderes zu sein? Die Sehnsucht nach Anerkennung, Lob, Erfolg? Die Sehnsucht danach, dass andere zu einem aufsehen, so wie die Gemeinde zu den Ratsherren?

In der Kirche, da bleibt ihr alle am Boden. Da tut ihr, als seien alle gleich. Doch im normalen Leben – da wollt ihr alle auf der Ratsherrentribüne sitzen. Mehr oder weniger rücksichtslos drängt ihr euch nach vorne. Tratscht über andere. Macht andere schlecht und euch besser.

Ihr seid nicht anders als die Ratsherren.

Sehnsucht

Sehnsucht
nach mehr.
Leben, jetzt und hier.

Gestreichelt werden an der Seele.

Bewundert werden.
Erfolg. Applaus.

Ganz hoch hinaus
die Sterne greifen
selbst zum Stern werden

Ruhm
Ehre

sich selbst finden
sich selbst verlieren

wo bin ich
wer bin ich

Stern, weit weg
heimatlos
ruhelos

suche mich zurück
und finde mich nicht
bin nur noch Licht

nicht ich

Andreas

Andreas ist mein Name. Vermutlich kennt ihr mich nicht mehr. Nur mein Kreuz, das Andreaskreuz, das ist euch vielleicht noch ein Begriff – nicht ein Kreuz wie das von Jesus, sondern ein schräges Kreuz.

Ja, mein Bruder Simon Petrus, der hier links neben mir steht, mit dem Schlüssel in der Hand, den kennt ihr. Doch ich, Andreas, ich war der erste, den Jesus in seine Nachfolge rief. Treu habe ich zu ihm gestanden. Unauffällig, im Hintergrund. Nicht viel, was die Evangelisten von mir zu berichten haben.

Und doch: Ich gehörte zu den Zwölf. Den Jüngern Jesu. Und hier, am Taufstein, da erinnere ich euch daran: Zu Jesus zu gehören, ist nicht immer nur schön und fröhlich und gut. Zu Jesus zu gehören, das kann auch ein Weg des Leidens sein. So wie ich selbst. Gepredigt habe ich von Jesus, dem Gekreuzigten und Auferstandenen. An vielen Orten. Unter Kaiser Nero wurde ich schließlich selbst verurteilt. Wie Jesus, wurde auch ich gekreuzigt.

Mein Bruder Petrus, hier neben mir: Er hält den Schlüssel zum Himmelreich in der Hand. Das Versprechen Gottes, das er uns in der Taufe gibt: Es gilt. Auch dann, wenn es nicht danach aussieht.

An vielen Orten in der Welt werden Christen heute verfolgt, auch getötet. Gekreuzigt wird kaum jemand mehr, aber sehr wohl verfolgt, gefoltert, erschossen. Ich, Andreas, bin einer von diesen. Vergesst sie nicht, seid dankbar für die große Freiheit, die ihr in eurem Land errungen habt!

Grabmal Amalia von Pomersfelden

Anno 1632 den 3. Juli ist die wohledle, viel ehren- und tugendreiche Jungfrau Amalia Rosina geborne Truchsessin von Pomersfelden allhier in Gott selig entschlafen. Ihres Alters — Jahr. Dieser Seelen Gott gnädig sein wolle.[15]

So steht es auf meinem Grabstein. Ausgerechnet mein Alter ist heute nicht mehr lesbar. Wie sich das für eine echte Dame geziemt. War ich alt? War ich noch ein junges Mädchen? Was ist geschehen? All das ist in Vergessenheit geraten in den 381 Jahren seit meinem Tod.

Mir gefällt es, wenn ihr mich als eine junge Frau denkt. Hübsch, fröhlich, lange, lockige, offene Haare. Adrett gekleidet. Viel ehren- und tugendreich, so nannte man das damals.

---
15   Grabinschrift zitiert nach Wößner, Johanniskirche, S. 98

Was geschah? Der Dreißigjährige Krieg war in vollem Gang. Schweinfurt war schwedisch besetzt und Hauptstützpunkt in Franken für König Gustav Adolf. Das Celtis-Gymnasium in Schweinfurt wurde gegründet, damals als Gymnasium Gustavianum.

Eine schwere Zeit, in der wir lebten. Schweinfurt wurde zur Festung ausgebaut. Heere zogen hindurch, wir mussten sie versorgen. An einem einzigen Tag, bevor das Heer weiterzog, sollten wir für 20.000 Mann Brot liefern.

Ja, ein junges Mädchen konnte leicht den Tod finden in dieser dunklen Zeit. Doch trotz aller Dunkelheit, aller Ängste, aller Zweifel und Sorgen: Ich halte eine Blume in der Hand. Als ein Zeichen für euch: Die Hoffnung lebt weiter. Gott wolle meiner Seele gnädig sein.

Stuhlschildchen

Wir Menschen lieben Gewohnheiten. In der Kirche, im Bus, bei Tisch setzen wir uns an unseren gewohnten Platz. Wehe, dort ist schon jemand anderes.

Gerade mal einhundert Jahre ist es her, dass in dieser Kirche die alte Ordnung abgeschafft wurde: Damals hatte jedes Kirchenmitglied seinen eigenen Stuhl im persönlichen Besitz. 1911 wurde diese feste Stuhlordnung abgeschafft, doch die alten Stuhlschildchen waren zum Teil einfach zu schade, um sie wegzuwerfen. Einige wurden in diesem Rahmen gesammelt. Ganz unterschiedliche Gestaltungen gab es, von einfachen, weißen Schildchen mit Namen darauf bis hin zu kunstvoll verzierten Darstellungen.

Gemeindeleben aus einer vergangenen Zeit sehen wir hier konserviert. Die Namen von Menschen, die schon längst vergessen sind. Die hier saßen, in dieser Kirche. Die Lieder sangen, beteten, den Predigten lauschten. Die sich grüßten und vielleicht hinterher zum Frühschoppen gingen. Kurz: die die Gemeinde bildeten.

Ihre Stuhlschildchen bleiben. Noch eine Weile. Langsam fangen sie an zu rosten, unleserlich zu werden. Einige fehlen schon ganz – abgefallen? Gestohlen? Man weiß es nicht mehr. Doch sie waren hier, diese Menschen. Gäste waren sie, hier auf Erden. So wie wir. Sie sind uns vorausgegangen.

Was bleibt?

Gebetet
Gesungen
Gestritten
Versöhnt

Ein Leben gelebt.

Sonntag für Sonntag
hier gewesen
in der Kirche
Menschen getroffen
gemeinsam auf dem Weg

Hundert Jahre später
erinnert ein kleines Schild
noch an den Namen.

Wer warst du, Mensch?
Wie lebtest du, Bruder, Schwester in Christus?
Vergessen bist du
bei uns.

Doch Gott hat dich gerufen
bei deinem Namen
Eines Tages
werde ich dich kennen
nicht nur deinen Namen.

Das ist
Unsere gemeinsame Hoffnung
Unser gemeinsames Ziel
Unser Leben.

Grabmal Margaretha von Wenkheim

Margaretha von Wenkheim ist mein Name. Am 14. Juli 1552 bin ich gestorben. Ein erfülltes Leben habe ich gehabt. Hier neben mir, mein Mann, Kilian von Wenkheim: Ist er nicht stolz? In voller Rüstung seht ihr ihn. Zehn Jahre vor mir ist er gestorben, sein Grabstein ist heute verschollen. Auch unsere fünf erwachsenen Kinder sind abgebildet. So hat unsere Familie die Zeit überdauert – eingemeißelt in Stein. Erfolgreich waren wir, reich und respektiert. Nicht jeder hat so einen schönen Grabstein.

Er ist nicht mehr komplett, der Stein. Ausgerechnet das Kreuz: Es fehlt und ist doch noch zu erahnen. Ums Kreuz sind wir versammelt als Gemeinde. Aber ist das nicht ein schönes Zeichen? Die Zeit hat das Leid, das Kreuz, fast ausgelöscht. Nur noch Jesu Kopf und seine Arme sind zu sehen. Ganz oben. Als würde er gen Himmel fahren.

Die Zeit der Trauer und des Leids: Für unsere Familie ist sie vorbei. Ich, Margaretha von Wenkheim, sage euch: Eines Tages wird sie auch für euch vorbei sein. Eines Tages wird auch für euch das Kreuz nicht mehr zu sehen sein. Wird der Himmel euch offen stehen. Das wird. Das kommt. Ich weiß.

Advent 2013

Mose

Ich bin Mose. Vor über dreihundert Jahren stellte man mich unter diese Kanzel. Als ein Zeichen für die Menschen: Die Predigten hier, sie stehen auf dem Grund der Zehn Gebote. Die Predigten, die hier gehalten werden, sie fußen auf dem Alten Testament. Ihr habt gemeinsame Wurzeln mit dem Judentum. Manchmal, in eurer Geschichte, da wäre es gut gewesen, ihr hättet auf dieses Zeichen geachtet.

Ich bin Mose. Vor über dreihundert Jahren stellte man mich unter diese Kanzel.

Über dreihundert Mal habe ich sie schon gehört, die Geschichte vom Stall, von der Geburt Jesu, vom Retter der Welt, vom Frieden für die Welt.

Ein kleines Kind kommt in die Welt. Und soll die Welt verändern. Will sie verändern. Will euch verändern. Hat es etwas genutzt? Hat dieses Kind euch berührt, in euren Herzen?

Über dreihundert Jahre stehe ich hier, und ich sage euch: Ich habe so manche Kriege erlebt. Die Botschaft des Friedens ist verstummt, immer wieder. Zaghaft, klein, unhörbar ist sie geworden, die Stimme des Friedens, wenn der Krieg laut, gewaltig und hässlich durchs Land zog.

Aber selbst in den schwersten Zeiten habe ich manchmal noch Hoffnung gesehen. In den Gesichtern der Menschen, die hierherkamen, um zu beten. Diese irre Hoffnung, ein kleines Kind würde etwas ändern. Ein einziges, kleines Kind würde einen Unterschied machen. Ehre sei Gott in der Höhe und Friede auf Erden, den Menschen seines Wohlgefallens!

Kommt er noch? Kommt er denn in eure Herzen? Hört ihr seine Stimme noch, die leise Stimme eines Kindes? Lasst ihr euch berühren von ihm? Achtet ihr auf das Kleine, das Unscheinbare, das die Welt verändert?

Der Engel an der Kanzeltreppe

Ach, die vielen lieben Engelein an Weihnachten. Mal eben zur Dekoration einen Engel ans Geländer gemacht. Wie ich das satt habe. Boten Gottes sind wir! Die himmlischen Heerscharen! Mächtige Himmelswesen, die doch diesem kleinen Kind in der Krippe dienen. Und ich? Zum

Deko-Element degradiert. Süß und putzig, von Gold umrankt. Und keiner schenkt mir Aufmerksamkeit. Habt ihr mich überhaupt schon jemals wahrgenommen, wenn ihr diese Kanzel betrachtet habt? Habt ihr schon mal darüber nachgedacht, was ich hier tue? Immerhin, ein Satz steht in dem dicken dreihundertseitigen Kirchenführer über mich: „In den Füllungen der Treppenwange lugen Engelchen aus dem Goldgewoge wie aus einer Laube heraus."[16]

Ach, aber vielleicht ist es gar nicht so schlecht, so klein zu sein. Klein, unscheinbar, ja übersehbar. War das nicht auch Jesus bei seiner Geburt? Aus dem Kleinen, dem Unscheinbaren, dem, auf das keiner achtet – daraus will Gott etwas Neues bauen. Aus dem kleinen Kind im Stall wird der Retter der Welt. Und aus dem kleinen Engelchen an der Kanzeltreppe zumindest einer, der auf ihn hinweist. Das ist Ehre genug für mich. Hier ist mein Platz. Hier sage ich euch: Friede auf Erden! Auch, wenn dieser Friede immer wieder neu klein anfangen muss. Wenn er immer wieder neu bedroht ist. Ich bleibe hier und flüstere ganz leise: Frieden!

---

16 Wößner, Johanniskirche, S. 133

Das geteilte Gewölbe

Was für ein hochstrebendes, erhabenes Gewölbe. Zum Himmel empor steigen die mächtigen Pfeiler. Der Stolz der Stadt Schweinfurt war diese Kirche sicherlich, damals, vor Jahrhunderten, heute noch. Ehrfürchtig richteten sich die Blicke aufwärts, kaum dass man durchs Portal geschritten war.

Doch dann wuchs Schweinfurt. Um 1460 herum entstand diese Empore, die Wand im Norden, von hier aus rechts, wurde nach außen versetzt. Die Orgel stand damals woanders. Ansteigende Bankreihen sorgten dafür, dass man auch auf den hinteren Plätzen noch gut sehen konnte. Weitere Emporen an den Seiten wurden in späteren Zeiten wieder abgebaut.

Was für eine Baugeschichte. Wie viele Menschen sich über die Jahrhunderte Gedanken machten um die beste Ausgestaltung dieser Kirche! Noch immer erahnt man, welche Größe der erste Baumeister hier angelegt hat. Der Himmel kommt der Erde nah. Himmel und Erde berühren sich. Hier, in diesem Haus Gottes, ist der Himmel auf Erden schon andeutungsweise da. Gott kommt auf die Erde.

Zerstörtes Wappen

Jeden Tag laufen Menschen unter diesem Wappen durch. Wer es wohl beachtet? Wir sich wohl schon einmal gefragt hat, was hier ursprünglich zu sehen war?

Wir wissen es nicht. Wir können nur rätseln, vermuten.

Das Wappen des Stifters der Empore? An so zentraler Stelle – ja, es könnte sein. Ein vermögender Mensch der damaligen Zeit, der seiner Kirche aus der großen Raumnot half. Sein Wappen zum Dank hier angebracht, wo jeder es sehen konnte.

Was geschah? Warum ist das Wappen bis zur Unkenntlichkeit ausgeschlagen? Fiel der Wappenträger in Ungnade? Gab es einen Streit in der Gemeinde? Wir wissen nichts, gar nichts.

Und doch ist es da, dieses Wappen. Überrest einer einstmals stolzen Markierung. Letztes sichtbares Zeichen eines Menschen, der schon lange, lange vergangen und vergessen ist. So wie alle, die vor uns waren, eines Tages vergessen sind – und doch wären wir selbst nicht, hätten sie nicht vor uns gelebt, geliebt, gestritten, gestiftet, geplant, gebaut und sich selbst Zeichen gesetzt.

Wer es wohl war? Was dieses Wappen aussagen sollte? Wir wissen es nicht, können es nicht wissen. Und so mahnt uns dieses unlesbare Zeichen: Alles, selbst das Beständigste, das ihr auf dieser Welt erbaut, wird eines Tages vergangen sein.

Was wird einmal bleiben von uns? Wer wird sich an uns erinnern? Was bleibt?

Chorraum: Maria und das Jesuskind

Mutter Gottes. Was für eine Bezeichnung ihr mir gebt! Was für Figuren ihr von mir aufstellt! In Gold habt ihr mich gekleidet. Mich, die arme Magd Gottes. Als ich noch über dem Eingang zur Sakristei hing, war noch ein goldener Strahlenkranz um mich an die Wand gemalt. Maria, die Himmelskönigin. Kann sein, dass ich früher sogar noch eine Krone trug, das weiß man heute nicht mehr so genau.

Maria, die Königin des Himmels. Dabei bin ich doch nur eine arme Magd. Von Gott herausgehoben zu einem besonderen Dienst. Und glaubt ja nicht, dass das immer schön war! Dieses Leben und Sterben meines Kindes zu begleiten, das hat mir alles abverlangt. Was für seltsame Wege Gottes Willen mit uns geht! Wege, die wir nicht verstehen. Wege, die zu Ende zu sein scheinen – und dann weitergehen, wo wir es nicht vermuten. Wege, die unser Leben verändern. Wundervolle Wege, die uns unbegreiflich bleiben.

Auch mein Weg als Figur in dieser Kirche ist verschlungen. 1510 wurde ich geschnitzt, vielleicht gehörte ich zum alten Marienaltar aus vorreformatorischer Zeit. Seit 25 Jahren erst stehe ich hier, an dieser Stelle. Aber es ist gut, wo ich nun hingestellt wurde. Mein Blick geht in Richtung des Altars. Gott ehren, das wollte ich mit meinem Leben. Das habe ich getan, das tue ich noch heute, allein schon mit meinem Blick. Doch mein Kind, mein geliebtes Kind: Sein Blick geht in eine andere Richtung. Ja, es mag Zufall sein. Aber hier, gegenüber, an der Wand, ungefähr in Blickrichtung: Seht ihr die Malerei von seiner Kreuzigung?

Was für ein grausamer, barbarischer Tod! Was für eine Qual für mich, die Mutter! Könnt ihr euch nur im Entferntesten vorstellen, was das bedeutete? Für euch ist dieses Kreuz so normal geworden. Ihr schmückt euch damit. Vergoldet es. Hängt es in eure Wohnungen. Niemals, niemals hätte ich das getan! Dieses grausame Folterwerkzeug. Dieses ... Werkzeug der Unterdrückung.

Doch mein Sohn, Jesus, hat es angenommen. Ganz sanft. Ohne jeden Widerstand.

Ohne seinen Tod wäre auch seine Geburt sinnlos gewesen. Weihnachten, die Geburt, gibt es nicht ohne das Kreuz. Das Kreuz gibt es nicht ohne die Geburt. Und ich selbst? Ich blicke nicht zum Kreuz. Ich blicke zum Altar. Zu dem Bild dahinter. Zur Auferstehung. Zu unserer Hoffnung. Alles das: Es gehört zusammen. Untrennbar. Geburt, Leid, Tod, ewiges Leben. Was für wundervolle Wege Gott doch für uns bereithält!

Rose am Stamm

Kaum einer wird sie von seinem Platz aus sehen, diese Rose am Stamm. So klein, so winzig ist sie. Achtet auf das Kleine! So hat uns Mose am Anfang mit auf den Weg gegeben. „Es ist ein Ros entsprungen aus einer Wurzel zart", so singen wir, was der Prophet Jesaja geschrieben hat und was sich für uns erfüllt hat.

Klein und unscheinbar kommt das Leben in die Welt. Eine Wurzel, abgehauen, bringt eine neue Blüte hervor. Aus dem Tod, der gewaltig und scheinbar unbesiegbar dasteht, entsteht neues Leben, zart, verletzlich und doch siegreich. So klein, so winzig, so zart und verletzlich kommt er in unsere Welt: Gott.

Der Engel mit dem Rosenbogen

Freut euch, liebe Christen! Ihr habt allen Grund zur Freude! Ich verkündige euch das. Ich, der kleine Engel mit dem Rosenbogen. Ein Symbol der Freude ist es. So, wie manche Brautpaare unter Rosenbögen hindurchschreiten. Freut euch, ihr Christen! Klein anzuschauen ist der Grund eurer Freude. Und doch wird er die Welt verändern. Langsam, aber unaufhaltsam. Die Zeit des Todes ist zu Ende. Die Zeit des Lebens hat begonnen.

Passion 2014

Mose

Ich bin Mose. Vor über dreihundert Jahren stellte man mich unter diese Kanzel. Als ein Zeichen für die Menschen: Die Predigten hier, sie stehen auf dem Grund der Zehn Gebote. Die Predigten, die hier gehalten werden, sie fußen auf dem Alten Testament. Ihr habt gemeinsame Wurzeln mit dem Judentum. Manchmal, in eurer Geschichte, da wäre es gut gewesen, ihr hättet auf dieses Zeichen geachtet.

Ich bin Mose. Vor über dreihundert Jahren stellte man mich unter diese Kanzel.

Ich habe sie gehört, die Geschichten von Jesus. Dreihundert Mal und öfter. Ich habe euch gesehen. Euer Leben. Euer Streben nach immer mehr, nach Freiheit, Gerechtigkeit, nach ein bisschen Glück. Und ich habe erlebt, wie ihr immer wieder gescheitert seid. Wie Kriege das Land zerstörten, auch diese Kirche, heute vor 70 Jahren und 39 Tagen.

Euer Streben nach Glück, Zufriedenheit, Sicherheit und Reichtum: Es ist gescheitert. Immer wieder. Manchmal dachtet ihr, Gott würde euch strafen für irgend etwas. Manchmal meintet ihr, Gott sei ein ferner, böser Gott, dass er euch so etwas antut.

Habt ihr nicht gehört, wie es ihm selbst ergangen ist? In Jesus Christus, seinem Sohn? Hat Gott das etwa selbst getan? Nein, ihr wart es. Euer ewiges Streben nach mehr. Nach Rechthaben. Nach Macht und Geld.

Nicht Gott tut das. Ihr seid es selbst. Ihr macht die Welt zu einem Ort des Grauens.

Andreas

Oben auf dem Kanzeldeckel stehe ich, ganz zentral, mit Blick auf den Altar. Andreas ist mein Name. Der Apostel. Bruder des Simon Petrus. Einer aus dem engsten Kreis: In allen Aufzählungen der Apostel werde ich unter den ersten vier genannt. Und doch das fünfte Rad am Wagen. Denn wenn es wirklich ernst wurde, dann nahm Jesus oft nur Petrus und die Brüder Jakobus und Johannes mit.

Und auch hier, auf dieser Kanzel, habe ich wohl nur deshalb so einen hervorgehobenen Platz, weil auch der Stifter der Kanzel Andreas hieß.

Aber all das machte mir nichts aus. Ich war so froh, bei Jesus zu sein. Ihm nachzufolgen. Zu erleben, wie er Menschen heilte. Mit welcher Kraft, Güte und Autorität er von Gottes Liebe erzählte. Diesen alles verändernden Moment in der Geschichte der Menschheit mitzuerleben, das war einfach unbeschreiblich.

Auch mein Leben hat Jesus für immer verändert. Vom einfachen Fischer bin ich zum Menschenfischer geworden, wie er es vorausgesagt hatte.

Die Botschaft von Jesus habe ich weitergetragen. Unerschrocken bin ich in fremde Gegenden gereist, habe gepredigt, getauft, Gemeinden gegründet. Bis heute bin ich für die Ostkirche, vor allem in Russland, einer der wichtigsten Apostel.

Ihr kennt mich wahrscheinlich nur wegen des Kreuzes, an dem ich gestorben bin. Das schräge Kreuz, es ist nach mir benannt: Andreaskreuz.

In Patras in Griechenland wurde ich gekreuzigt. Hingerichtet wegen meines Glaubens. Ob ihr euch das noch vorstellen könnt? Das sagt sich so leicht dahin. Märtyrer. Aber trotz aller Qualen, die ich erlitt: Was konnte es Schöneres für mich geben, als den gleichen Tod zu erleiden wie mein Herr Jesus Christus? Und durch meinen Tod zu bezeugen, dass Gott stärker ist als der Tod.

Märtyrergebet

Verzweiflung
Todesangst
ach, und diese Schmerzen!

Gott, wo bist du?
Hörst du mich?
Warum hast du mich verlassen?

Sie spotten über mich
und ich ertrag es nicht.

Sie schlagen mich,
sie speien mich an.

Lustig machen sie sich
über mich und, noch viel schlimmer,
über dich, mein Herr!

Sie begreifen nicht,
was mir die Kraft gibt,
ruhig zu bleiben

in all der Erniedrigung
in all dem Schmerz

den Tod vor Augen.

Sie begreifen nicht:
Kein Tod kann mich schrecken.
Denn du wartest auf mich, Herr.

Das hier ist nur
ein Übergang
ein Moment
ein kurzes Donnergrollen.

Meine Seele, Herr,
dir vertraue ich sie an.
Sei mir gnädig, Gott.

Und sei gnädig denen,
die mich quälen
und im Dunkel leben
weil sie dich nicht kennen.

Reichsvogt Konrad von Seinsheim

Konrad von Seinsheim ist mein Name. Vor 645 Jahren bin ich gestorben. Eine bedeutende Persönlichkeit war ich in meiner Zeit: Der erste frei gewählte Reichsvogt der freien Reichsstadt Schweinfurt! Zwar war ich es nur für einen Teil der Stadt, denn der andere Teil war ans Hochstift Würzburg verpfändet. Erst Jahre später konnte sich Schweinfurt ganz aus dieser Pfandschaft befreien.

Gewählter Statthalter des Kaisers war ich von 1362 bis zu meinem Tod 1369. Nein, ihr wisst fast nichts mehr über mein Leben. Ob ich ein guter Statthalter war? Was heißt das schon in so turbulenten Zeiten? Heißt es, gute Politik zu machen, die den Kaiser uns wohlgesonnen macht? Heißt es, für die Armen da zu sein? Die Entwicklung der Stadt voranzutreiben? Ich habe versucht, das meine dazu beizutragen, dessen könnt ihr euch sicher sein. Ich habe Dinge in Bewegung gebracht, die die Stadt bis heute prägen. Ja, ich kann euch mit Stolz ins Gesicht sehen. Ich, der Ritter Konrad von Seinsheim, erster frei gewählter Reichsvogt der freien Reichsstadt Schweinfurt, wenn auch nur der einen Hälfte.

Johannes der Täufer

Ich bin's: Der Vorläufer des Messias. Der, der ihn ankündigte. Der, der ihn erkannte. Johannes der Täufer wurde ich genannt. Zur Umkehr rief ich die Menschen auf, schrie sie an, beschimpfte sie ob ihres Lebenswandels. „Ihr seid nicht bereit für ihn! Kehrt um und erkennt, was Gott von euch erwartet! Ihr Schlangenbrut, ihr Otterngezücht, warum sollte Gott sich um euch Sünder kümmern?"

Er kümmerte sich. Auch wenn ihr's nicht wert wart, und ich auch nicht. Er kam in unsere Welt, und ich erkannte ihn. Taufte ihn. Und bereitete ihm noch einmal den Weg. Denn als erster von uns beiden war ich es, der gewaltsam starb.

Oh Jesus, warum so viel Tod und Elend? Warum konntest du es nicht einfach hinwegnehmen, alle Kriege, allen Hass, alle Ungerechtigkeit? Warum konntest du nicht einfach den jüngsten Tag anbrechen lassen, jetzt schon, jetzt gleich, und diese Welt ganz heil machen?

Nein, noch war es nicht so weit. Und immer noch ist es nicht Zeit. Ich war nur der, der auf ihn hinweisen durfte. Der, der sogar den Weg des Leids und des Tods vorangegangen ist. Doch, glaubt mir: Voller Vertrauen ging ich diesen Weg. Er ist es. Ich war mir sicher: Der Tod wird nicht das Ende sein. Seine Jünger haben das viel später verstanden als ich.

Kreuz-Fresko

Nicht mehr allzu viel zu sehen ist von diesem Fresko, das ungefähr um das Jahr 1500 entstand. Im Nebel der Geschichte versinkt es. Wenige Details können wir noch sehen. Ein mystisches Traumbild: Jesus, der am Kreuz hängt und doch handelt. Die Frau auf der linken Seite stellt die Gerechtigkeit dar, deren Strafgericht durch Christi Tod aufgehoben sind: Jesus am Kreuz nimmt ihr das Schwert aus der Hand. Er lächelt. Er hält Blumen, vielleicht Rosen, in der anderen Hand.[17]

Keine Spur von Leiden. Pure Liebe, die die Strafe aufhebt. Wie tröstlich für alle, die es mit der irdischen Gerechtigkeit zu tun bekommen haben: Jesu Liebe steht darüber. Seine Gerechtigkeit ist eine andere. Seine Gerechtigkeit können wir nur vom Kreuz her verstehen.

Und ich träumte

Und ich träumte

im Nebel
vor urlanger Zeit
in der dunkeldunkelsten Nacht der Welt

kam alles Streben zum Erliegen
Alle Hoffnung erlosch
Alles Leben erstarrte.

Ich war es gewesen
Meine Schuld
Mein Fehler

---
17   Nach Wößner, Johannisgeschichten, S. 72-73

Ichichich.

Er
der das Leben war
tot.

Das Leben hatte ausgespielt
Alles zu Ende
Das All gefror.

Kein Weg mehr, kein Entrinnen, keine Tricks.

Heiser lachte der Tod
kratzte die Welt zusammen
für ewig.

Doch dann, aus dem Nebel,
sah ich die Rose wachsen
am Holz

und die Stimme sagte:
Fürchte dich nicht!
Du.

Altarbild: Der Auferstandene

Christi Kreuz vor Augen, gehen unsere Blicke weiter. Noch sind wir in der Passionszeit verhaftet, doch wir wissen, was unsere Hoffnung ist. Wir sehen sie. Wir hoffen, verzweifeln, fragen, klagen, beten, bitten, dass es stimmt: Der Herr ist auferstanden! Er ist wahrhaftig auferstanden!

Zentral stellt Adolf Kleemann in diesem Altarbild den auferstandenen Jesus dar. Welch ein Wunder! Der Tod ist besiegt! Er, der schon heiser lachend die Reste der Welt zusammenkratzen wollte, ist nun selbst am Ende.

Was für ein Wunder! Was für eine Zeitenwende! Der Totgeglaubte, nein, der Totgewesene spendet neues Leben! Licht blüht auf und Leben, Schuld ist längst vergeben, Gottes Kleid birgt mich schneeweiß.[18]

---

18   Nach dem Lied: „Christi Kreuz vor Augen", Text: Eugen Eckert, Melodie: Fritz Baltruweit. Aus: Durch Hohes und Tiefes, Nr. 32

Advent 2014

Mose

Ich bin Mose. Vor über dreihundert Jahren stellte man mich unter diese Kanzel. Als ein Zeichen für die Menschen: Die Predigten hier, sie stehen auf dem Grund der Zehn Gebote. Die Predigten, die hier gehalten werden, sie fußen auf dem Alten Testament. Ihr habt gemeinsame Wurzeln mit dem Judentum. Manchmal, in eurer Geschichte, da wäre es gut gewesen, ihr hättet auf dieses Zeichen geachtet.

Ich bin Mose. Vor über dreihundert Jahren stellte man mich unter diese Kanzel.

Und ich stelle fest: Ihr habt euch verändert, ihr Menschen. Immer habt ihr nach Gott gefragt und gesucht. Habt mit ihm gehadert, oft und oft. Manche von euch haben seine Existenz bestritten. Ihr habt gezweifelt und gehofft, geflucht und gebetet, Gott gelobt und ihn angeklagt.

Doch immer mehr habe ich das Gefühl: Er ist euch egal geworden. Ob Gott existiert, das ist überhaupt nicht mehr so wichtig. Glauben, das ist höchstens noch was für die ganz Frommen und ein paar Ewiggestrige. Ihr seid so sehr mit euch selbst beschäftigt, dass ihr gar nicht mehr an Gott denkt. Nur jetzt, in der Weihnachtszeit, da überlegt ihr mal kurz. Wäre schön, an Weihnachten in die Kirche zu gehen, ein Krippenspiel zu sehen, bevor die Geschenke ausgepackt werden.

Ihr Kleingläubigen! Seht nur noch auf euch selbst, auf euer eigenes, kleines, bescheidenes Leben. Armselig seid ihr. Habt weltweite Kontakte per Email und habt doch den Blick für die Größe und Weite der Welt verloren. Blickt nur auf euch selbst. In euch selbst verkrümmt seid ihr. So nannte Luther den sündigen Menschen. Ist euch alles egal geworden.

Ihr armen Menschen. So viel Erkenntnis hat euch die Wissenschaft gebracht. Und doch den Blick so klein und eng gemacht, dass ihr Gott nicht mehr erkennt. Wer glaubt schon noch an Wunder heutzutage?

Lukas

Lukas ist mein Name. Ihr kennt mich. Einer der vier Evangelisten. Der, der diese wunderschöne Weihnachtsgeschichte aufgeschrieben hat, die ihr so gerne hört, die euer Herz zum Klingen bringt: „Es begab sich aber zu der

Zeit, dass ein Gebot vom Kaiser Augustus ausging, dass alle Welt geschätzt würde."[19]

Ein schönes Gefühl gibt es euch, diese Worte zu hören. Vielen wird es warm ums Herz. Ihr zündet Kerzen an, schmückt das Haus mit schön duftenden Tannenzweigen und einem Baum, ihr backt Plätzchen. Ihr beschenkt euch gegenseitig und genießt ein leckeres gemeinsames Essen.

(zornig) Ganz ehrlich: Ist das alles?

Habe ich dafür die größte Geschichte meines Lebens geschrieben, damit **ihr** ein paar schöne Stunden verbringen könnt, und das war alles?

Habt ihr überhaupt eine Ahnung davon, was mit eurem süßen kleinen Jesulein geschehen ist, nur ein paar Jahrzehnte später? Ja, natürlich habt ihr das. Aber ihr wollt es nicht hören. Nicht wissen. Jedenfalls nicht jetzt. Und ihr wollt auch nicht hören und sehen, wie vielen Menschen auf der Welt es genau so dreckig geht.

Denkt daran: Jesus ist in meiner Geschichte nicht in einem wohlig geheizten Wohnzimmer vorm prasselnden Kamin geboren worden. Auch nicht in einem High-Tech-Krankenhaus, das auf alle Notfälle vorbereitet war. Er ist in einem

---

19   Lukas 2, 1

dreckigen, stinkenden Stall zur Welt gekommen. So habe ich das geschrieben, um zu zeigen: Er ist zu den Armen zuerst gekommen. Zu denen, die nichts haben. Und die ersten, die davon hörten, waren die Hirten, die Außenseiter der Gesellschaft. Die Könige kamen später.

Gott ist Mensch geworden. Das ist das größte Wunder aller Zeiten! Und ihr zündet ein Kerzchen an und genießt euren Weihnachtsbraten, als wäre nichts gewesen. Berührt euch das denn gar nicht? Ändert das überhaupt nichts in eurem satten, zufriedenen Leben? Wo bleibt der Ernst, mit dem ihr euch vorbereitet, auf die Ankunft Gottes? Macht euer Herz weit, ihr Menschenkinder. Lasst Gott hinein. Lasst Gottes Botschaft der Liebe und Versöhnung leuchten in der Welt.

Adventsvorbereitungen

Plätzchen backen muss ich noch, Gott.
Die guten Vanillkipferl.
Die mit Marmelade.
Die Butterplätzchen.
Dann kannst du kommen, Gott.

Ach, und die Geschenke.
Bestelle ich im Internet.

Geht schneller.

Ist bequemer.

Dann kannst du kommen, Gott.

Tannenzweige hab ich schon

und Kerzenduft im Haus verteilt

ein Kranz auf dem Tisch

Lichter an den Fenstern

Dann kannst du kommen, Gott.

Nein!

Mein Herz mach ich bereit für dich.

Will still werden. Beten. Ruhen.

Dich erwarten. Mich inwendig schmücken.

Mach du mich Armen bereit für dich.

Dann kannst du kommen, Gott.

Grabmal Graf Christoph Carol Schlick

Hier lieget begraben der hochwohlgeborne Herr Graf Christoph Carol Schlick, Graf zu Passau, Herr zu Weißkirchen, welcher vor dem Feinde in Hochstadt den 28. Februar 1633 geblieben, seines Alters 22 Jahr.

Des seligen Herren Grafen Täglich Symbolum zum Leichentext genommen: „Dem Menschen ist gesetzt, einmal zu sterben, danach das Gericht. Hebräer 9.[20]

Der Graf

Einen schönen Sinnspruch habe ich mir da ausgesucht. „Dem Menschen ist gesetzt, einmal zu sterben." Ja, natürlich. Aber doch nicht schon mit 22 Jahren! So war das nicht gemeint. Ich hatte mein Leben noch vor mir! Ein stolzer Graf war ich, das könnt ihr mir glauben. Frohen Mutes bin ich in die Schlacht gezogen. Dreißigjähriger Krieg, ach, ich kannte doch nichts anderes. Er begann, als ich sieben Jahre alt war. Er endete erst viele Jahre nach meinem Tod. Nur einer von vielen bin ich, die gestorben sind.

„Ich habe einen guten Kampf gekämpft", so steht auf meiner Grabplatte. Heute frage ich: Stimmt das denn? War mein Kampf so gut? Wäre ein langes, segensreiches, friedvolles Leben nicht besser gewesen? Kinder haben. Glücklich sein. Meine Grafschaft aufbauen und zur Blüte bringen, damit es den Menschen dort gut geht. Ich hab's versäumt. Hab's doch nicht anders gelernt.

---

20   Grabinschrift zitiert nach Wößner, Johanniskirche, S. 98

Ein Gast war ich auf Erden. Nur kurz war ich hier. Heute zeugt nur noch diese Grabplatte von mir, und selbst die wurde erst vor einem Vierteljahrhundert wiedergefunden.

Was ist mit euch?

Kämpft ihr einen guten Kampf?

Wofür lebt ihr?

Was wäre, wenn heute euer Ende käme?

Before I die

Bevor ich sterbe, möchte ich ...

In vielen Städten auf der ganzen Welt standen schon solche Tafeln, Kreide dazu. Die letzten zwei Wochen auch hier in Schweinfurt in der Fußgängerzone.

Viele haben sich Gedanken gemacht. Aufgeschrieben, was sie im Leben erreichen wollen.

Liebevoll umarmt werden.

Das Glück meiner Kinder erleben dürfen.

Versöhnt gelebt haben.

Die Liebe gelebt haben.

Einen Hund haben.

Menschen Anlass gegeben haben, Gott zu danken.

Meine Kinder wiedersehen.

Ins Bayernstadion.

Meinen Enkel im Arm halten.

Mit Menschen und Gott im Reinen sein.

Die Polarlichter sehen.

Unendlich sein.

Viele Menschen zum Lachen bringen.

Mit Freunden und Familie nochmal richtig feiern.

Nichts verpasst haben.

2000 Bücher gelesen haben.

Mathe abschaffen.

Meine Familie kennen lernen.

Mit Caro in den Sonnenuntergang.

Meine Verlobte heiraten.

Ein Baumhaus bauen.

Das Gefühl haben, dass mein Leben einen Sinn gehabt hat.

Der Hauch des Todes

Dieses Ziehen im Herzen.
Es tut weh. Macht Angst.

Ist das mein Ende, Gott?
Ist heut mein letzter Tag auf Erden?

Ich hatte doch noch so viel vor.
Ich wollte doch noch ...

Wie werden die Menschen mich erinnern?
Was bleibt von mir?

Ist doch alles nur Stückwerk.
So vieles gar nicht getan.

Zu wenig gelacht. Zu wenig geweint.
Zu wenig gehofft, getrauert, gestritten, versöhnt.

Jetzt
ist es vorbei.
Chance vertan.

Oder doch nicht?

Mein Herz schlägt weiter.
Ein neues Leben. Für mich.

Was ändert sich?

Johannes der Täufer

Johannes der Täufer bin ich. Der Vorläufer Christi. Der Bote Gottes. Der, dessen einzige Aufgabe im Leben es war, auf ihn hinzuweisen. Auf ihn, den größten, göttlichsten, im wahrsten Sinne wunder-vollsten Menschen der Geschichte.

Ich bin's zufrieden, der Mahner und Prophet gewesen zu sein. Obschon es mir nichts eingebracht hat außer ein karges Leben und einen gewaltsamen Tod. Ich bin's zufrieden, hier zu stehen und auf den Altar zu weisen. Hier, seht ihr das Spruchband um das Kreuz in meiner Hand? „Siehe, das Lamm Gottes" steht darauf. Er, Jesus, hat noch mehr gelitten. Er war das Lamm, das der Welt Sünde trug. Er war das Opfer. Er war das Wunder aller Wunder. Er hat die Sünde und den Tod besiegt.

Ich bin's zufrieden, hier zu stehen. Dieses Wunder anzuzeigen. Gottes Lamm.

Gottes Lamm

Gottes Lamm

Schutzlos
haltlos

freundverlassen

hast dich nicht gewehrt, hast
dem Feind noch die Wunde geheilt.

Ohne Netz
im freien Fall
ungehalten hast du dich
dem Menschen zugewandt.

Gottes Lamm, wahrer Mensch,
einziger in dieser
entmenschten Welt

durchbrachst den Horizont
Gabst uns ein Ziel:

Mensch

Petrus

„Ich will dir die Schlüssel des Himmelreichs geben", so hatte er zu mir gesagt, zu Petrus. Hier stehe ich, die Schlüssel in der Hand, und weise hin auf ihn, von dem ich alles habe.

Den Schlüssel zu haben, heißt Macht. Was haben wir sie missbraucht, die Macht, in den zweitausend Jahren seitdem. So oft haben wir nicht verstanden: Dieser Schlüssel vermehrt sich, wenn wir ihn weitergeben. Wenn wir ihn freiherzig verteilen. Die Schlüssel des Himmels – für alle sind sie da! Gott lädt alle ein in sein Reich. Die Tür bleibt nicht zu. Hätten wir das nur mal früher kapiert.

Der Engel mit dem Rosenbogen

Der kleine weiße Kinderengel. So heiße ich in der Beschreibung dieser Krippe. Ein Freudenbote bin ich! Einen Rosenbogen trage ich! Zeichen der Freude, ja der überschwänglichen Freude!

Tanzen, lachen, spielen sollt ihr.

Euch umarmen sollt ihr.

Euch küssen sollt ihr.

Euch ist heute der Heiland geboren, welcher ist Christus, der Herr.

All eure Trauer, all eure Sorgen und Ängste,

ja sogar der Tod:

Es ist vorbei. Es ist aus. Es gilt nicht mehr.

Ihr müsst nur dran glauben.

Ich, der kleine weiße Kinderengel, ich sage es euch.

Abläufe

Hier finden Sie die kompletten Abläufe aller „Klänge in der Nacht" von 2010 bis 2014 sowie die Autorinnen und Autoren der Texte und Lieder.

Klänge in der Nacht 19.3.2010 21:00

Mose . . . . .Heiko Kuschel

♪ Meine engen Grenzen . . . .
. . . . T Eugen Eckert, M Winfried Heurich

Mose II (andere Beleuchtung). . . . . .Heiko Kuschel

Oft ist das Leben . . . . Hermann Hesse

♪ Tears in heaven . . . . Cat Stevens

Grabmal Junker Wolff von Steinau Steinrück. . . . .
. . . . .Heiko Kuschel

♪ Da wohnt ein Sehnen tief in uns . . . .
. . . . T/M: Anne Quigley Deutsch: Eugen Eckert

Stufen. . . . . Hermann Hesse

Rosette . . . . .Heiko Kuschel

Klang der Stille. . . . . Gerhard Schöne

♪ Wo Menschen sich vergessen . . . .
. . . . .T Thomas Laubach, M Christoph Lehmann

Maria. . . . . .Heiko Kuschel

Gedanken zum Magnificat . . . . Heiko Kuschel

♪ Halleluja . . . . Leonard Cohen

Altarbild . . . . Heiko Kuschel

Der Heiland . . . . Hermann Hesse

♪ Der Müden Kraft . T: Eugen Eckert, M: Johannes Müller

Gebet . . . . Dietrich Bonhoeffer

Vaterunser

Segen

Klänge in der Nacht 10.12.2010 20:00

Mose . . . . Heiko Kuschel

♪ Es kommt ein Schiff geladen . . . .
. . . . T Daniel Sudermann, M Köln 1608

Johannes der Täufer . . . . Heiko Kuschel

Friede-Fürst . . . . Henning Kiene

♪ Der kleine Frieden . . . . Rolf Zuckowski

Taufstein . . . . Heiko Kuschel

Ich möcht dass einer mit mir geht . . . . Hanns Köbler

♪ Keinen Tag soll es geben. . . . .
. . . . T Uwe Seidel, M Thomas Quast

Apostelgeschichte 8, 26-39

Vor lauter Lauschen und Staunen sei still . . . .
. . . . Rainer Maria Rilke

♪ Wo Menschen sich vergessen . . . .
. . . . T Thomas Laubach, M Christoph Lehmann

Abläufe

Grabmal von Andreas Sommerfeld (7 Tage alt) .... Grabinschrift

Ein Tod zur Unzeit .... Hermann Hesse

Psalm 22, 1-16

♪ Aus der Tiefe rufe ich zu dir (1-3) .... T Uwe Seidel, M Oskar Gottlieb Blarr

Psalm 22, 20-26

♪ Aus der Tiefe rufe ich zu dir (4)

Jesaja 40, 1-11

♪ Ich bin ja nur ein Gast auf Erden .... T/M: Spiritual, deutsch Barbara Werner

Blauer Engel .... Heiko Kuschel

Sehnsucht .... Hildegard von Bingen

Dezember-Psalm .... Hanns Dieter Hüsch

♪ Der Müden Kraft . T: Eugen Eckert, M: Johannes Müller

Krippe .... Heiko Kuschel

Gebet .... unbekannt

♪ Dein Segen leuchtet in der Nacht .... T Birgit Kley, M Jonathan Schaffner

Klänge in der Nacht 18.3.2011 21:00

♪ Abendlied .... Jonathan Böttcher

Mose .... Heiko Kuschel

Psalm 90

♪ Noch ehe die Sonne am Himmel stand ....

................T Eugen Eckert, M S. A. Bazuk

Lukas. . . . . .Heiko Kuschel

Lukas 23, 32-4

Der den Wein austeilt . . . . .Rudolf Otto Wiemer

♪ Jesu meine Freude . . . .
. . . . T Gerhard Schöne, M Johann Crüger

Vierung der Kirche . . . . .Heiko Kuschel

Es muss doch noch irgendwo sein. Marie Luise Kaschnitz

♪ Halleluja . . . . .Leonard Cohen

Kreuzigungsbild von Emil Scheibe. . . . . . . .Heiko Kuschel

Johannes. . . . . .Heiko Kuschel

Wann. . . . . .Eva Zeller

♪ Da wohnt ein Sehnen tief in uns . . . .
. . . . T/M: Anne Quigley, deutsch: Eugen Eckert

Kruzifix im Chorbogen . . . . .Heiko Kuschel

Erdenball . . . . Gerhard Schöne

Improperien . . . . Liturgie

♪ Holz auf Jesu Schulter. . . . .
. . . . .T Jürgen Henkys, M Ignace de Sutter

Auferstehung. . . . . .Heiko Kuschel

Vaterunser

Segen

♪ Der Müden Kraft . T: Eugen Eckert, M: Johannes Müller

Klänge in der Nacht 9.12.2011 20:00

Mose . . . . Heiko Kuschel

Reiß die Wolken auseinander . . . . Huub Oosterhuis

Jesaja 64, 1-4

♪ O Heiland reiß die Himmel auf. . . . .
. . . . T Friedrich Spee, M Köln 1638

Der Engel an der Kanzel . . . . Heiko Kuschel

Lukas 2, 8-14

Der Heilige Geist . . . . Heiko Kuschel

Fragen. . . . . Heiko Kuschel

All diese Stimmen . . . . Marie Luise Kaschnitz

♪ Meine Seele ist stille in dir . . . . Klaus Heizmann

Die Tür . . . . Heiko Kuschel

Psalm 24

Gott kommt zu uns . . . . Johannes Jourdan

♪ Amazing grace . . . . T John Newton, M unbekannt

Altarbild: der Tod . . . . Heiko Kuschel

Mitten wir im Leben sind . . . . Martin Luther

♪ Ich bin ja nur ein Gast auf Erden . . . .
. . . . T/M: Spiritual, deutsch Barbara Werner

Maria. . . . . Heiko Kuschel

Jesaja 9,5

♪ You are always here . . . . Sandra Fiedler

Weißer Engel. . . . . .Heiko Kuschel

Mein Gott, dein hohes Fest des Lichtes. . .Jochen Klepper

♪ Der Müden Kraft . T: Eugen Eckert, M: Johannes Müller

Roter Engel. . . . . .Heiko Kuschel

Sehnsucht . . . . Hildegard von Bingen

Gebet. . . . . .unbekannt

Segen

♪ Dein Segen leuchtet in der Nacht. . . . .
. . . . .T Birgit Kley, M Jonathan Schaffner

Klänge in der Nacht 9.3.2012 21:00

Gottlob, dass ich auf Erden bin . . . . .Novalis

♪ Herr, ich komme zu dir. . . . . Albert Frey

Mose . . . . .Heiko Kuschel

Hesekiel 36,26ff

Johannes an der Kanzel . . . . .Heiko Kuschel

♪ Wer steht für den anderen auf . . . . . .Klaus Hoffmann

Noch bin ich eine Stadt. . . . . .Bertold Brecht

Foto der Schule (Ausstellung). . . . . .Heiko Kuschel

Die letzte Epiphanie . . . . Werner Bergengruen

Hoffnungsbaum. . . . . .Heiko Kuschel

♪ Freunde dass der Mandelzweig . . . .
. . . . .T Schalom Ben-Chorin, M Fritz Baltruweit

Dem Frieden entgegen . . . . Hermann Hesse

Grabmal: Schlange am Kreuz . . . . ohne eigenen Text

4. Mose 21, 4-9

Johannes 3, 14-16

Vor dem Kreuz . . . . .Heiko Kuschel

♩ Christi Kreuz vor Augen . . . .
. . . . .T Eugen Eckert, M Fritz Baltruweit

Altarbild (obere Hälfte) . . . . ohne eigenen Text

In dieser Nacht . . . . .Stefan Andres

Wo wir am Ende sind. . . . . .Heiko Kuschel

Gebet. aus dem Frauen-Konzentrationslager Ravensbrück

♩ Du Gott der vielen tausend Wege. . . Jonathan Böttcher

Maria (Marienkapelle) . . . Heiko Kuschel/Wiltrud Wößner

♩ Der Müden Kraft . . T Eugen Eckert, M Johannes Müller

Abendgebet . . . . .Dietrich Bonhoeffer

Vaterunser

Segen

♩ Abendlied . . . . Jonathan Böttcher

Klänge in der Nacht 7.12.2012 20:00

Mose . . . . .Heiko Kuschel

Jesaja 9, 1-5

Das ist die Sehnsucht . . . . Rainer Maria Rilke

♩ Da wohnt ein Sehnen tief in uns . . . .
. . . . T/M: Anne Quigley, deutsch: Eugen Eckert

Abläufe

Der Engel auf dem Kanzeldeckel . . . . .Heiko Kuschel
Gegen Ausflüchte . . . . .Rudolf Otto Wiemer
Jesaja 64, 1-4
♪ Der kleine Frieden . . . . .Rolf Zuckowski
Taufstein: Petrus und der Schlüssel . . . . . .Heiko Kuschel
Darum bitte ich dich . . . . Jan Twardowski
Epheser 2,8
♪ Amazing grace . . . . T John Newton, M unbekannt
Südlicher Querhausarm: Die alten Orgeln. .Heiko Kuschel
Stille
♪ Siehe, wie fein und lieblich ist . Johann Christoph Bach
Stille . . . . .Heiko Kuschel
♪ Meine Seele ist stille in dir . . . . .Klaus Heizmann
Vierung. . . . . .Heiko Kuschel
Mein Licht in die Mitte stellen . . . . .Pierre Stutz
♪ You are always here . . . . .Sandra Fiedler
Krippe: der weiße Engel . . . . .Heiko Kuschel
Lukas 2, 8-14
Frieden!. . . . . .Heiko Kuschel
♪ Der Müden Kraft . T: Eugen Eckert, M: Johannes Müller
Jesaja 9,5
Dezember-Psalm . . . . .Hanns Dieter Hüsch
Gebet. . . . . Thorsten

Abläufe

♪ Keinen Tag soll es geben.................................
................T Uwe Seidel, M Thomas Quast

Klänge in der Nacht 8.3.2013 21:00

Mose ....Heiko Kuschel

Verdammter Hahn................Rudolf Otto Wiemer

♪ Herzliebster Jesu ....
.... T Johann Heermann, M Johann Crüger

Herrenchor.........................Heiko Kuschel

Lukas 14, 7-14

Sehnsucht..........................Heiko Kuschel

♪ Meine engen Grenzen ....
.... T Eugen Eckert, M Winfried Heurich

Jesaja 53, 4-5

Andreas ....Heiko Kuschel

Die neunte Stunde.......................Eva Zeller

Psalm 55

♪ Halleluja ....Leonard Cohen

Grabmal Amalia von Pomersfelden.......Heiko Kuschel

Schlüsselblume .... Detlev Block

Utopie.........................Hanns Dieter Hüsch

Offenbarung 21, 1-5a

♪ Ich bin ja nur ein Gast auf Erden ....
.... T/M: Spiritual, deutsch Barbara Werner

Stuhlschildchen.....................Heiko Kuschel

Was bleibt?....................Heiko Kuschel

Musik .... Rainer Maria Rilke

Psalm 90

♪ In Christ alone ...... T Stuart Townend, M Keith Getty

Grabmal Margaretha von Wenkheim......Heiko Kuschel

Die Blätter fallen .... Rainer Maria Rilke

Psalm 126

♪ Der Müden Kraft . T: Eugen Eckert, M: Johannes Müller

Gebet.....................................unbekannt

Vaterunser

Segen

♪ Meine Seele ist stille in dir .... Klaus Heizmann

Klänge in der Nacht 13.12.2013 20:00

Mose ....Heiko Kuschel

Micha 5, 1-4

Komm, so sehr verheißnes Kind .... Richard Exner

♪ You are my all in all............... Dennis Jernigan

Der Engel an der Kanzeltreppe ....Heiko Kuschel

Seid nicht so laut..................... Arnim Juhre

Jesaja 64, 1-4

Steht noch dahin .... Marie Luise Kaschnitz

♪ Der kleine Frieden ....Rolf Zuckowski

Abläufe

Das geteilte Gewölbe....................Heiko Kuschel

Überfließende Himmel .... Rainer Maria Rilke

♪ Wo Menschen sich vergessen ....
........T Thomas Laubach, M Christoph Lehmann

Zerstörtes Wappen ....Heiko Kuschel

Wer wird über Charlie Chaplin lachen... Gerhard Schöne

Lukas 12

♪ In Christ alone ......T Stuart Townend, M Keith Getty

Maria und das Jesuskind ....Heiko Kuschel

Zärtlichkeit........................ Kazoh Kitamori

Philipper 2,5-11

♪ Du Gott der vielen tausend Wege... Jonathan Böttcher

Rose am Stamm.......................Heiko Kuschel

Jesaja 11

Brich an, du schönes Morgenlicht! Max von Schenkendorf

♪ Es ist ein Ros entsprungen... T Str. 1-2 Trier 1587/88;
........Str. 3-4 bei Fridrich Layriz 1844, M 16. Jh

Der Engel mit dem Rosenbogen..........Heiko Kuschel

Lukas 2

Dezember-Psalm ....Hanns Dieter Hüsch

Philipper 4

♪ Der Müden Kraft . T: Eugen Eckert, M: Johannes Müller

121

Klänge in der Nacht 4.4.2014 21:00

Mose . . . . Heiko Kuschel

Aus der Tiefe rufe ich zu dir . . . .
. . . . Hanns Dieter Hüsch/Uwe Seidel

Psalm 130

♪ Da wohnt ein Sehnen tief in uns . . . .
. . . . T/M: Anne Quigley, deutsch: Eugen Eckert

Andreas . . . . Heiko Kuschel

Märtyrergebet. . . . . Heiko Kuschel

♪ Meine Seele ist stille in dir . . . . Klaus Heizmann

Grabmal Reichsvogt Konrad von Seinsheim. . . . .
. . . . Heiko Kuschel

An der Bahre eines Großen. . . Josef Dirnbeck/Martin Gutl

Hauptsache. . . . . Lothar Zenetti

♪ Wo ich auch stehe . . . . Albert Frey

Johannes der Täufer . . . . Heiko Kuschel

Wegbereitung. . . . . Hanns Dieter Hüsch/Uwe Seidel

Jesus . . . . Josef Dirnbeck/Martin Gutl

♪ Die Nacht ist vorgedrungen . . . .
. . . . T Jochen Klepper, M Andreas Petzold

Warum sage ich immer noch . Josef Dirnbeck/Martin Gutl

Kreuz-Fresko . . . . Heiko Kuschel

Gebet. . . . . Rainer Maria Rilke

Und ich träumte. . . . . Heiko Kuschel

Abläufe

Johannes 21, 1-5

Freies Geleit . . . . Heinz Piontek

♪ Christi Kreuz vor Augen . . . .
. . . . T Eugen Eckert, M Fritz Baltruweit

Advent vielleicht . . . . Carola Moosbach

Altarbild: Der Auferstandene . . . . .Heiko Kuschel

Osterlied. . . . . .Lothar Zenetti

♪ Du Gott der vielen tausend Wege. . . Jonathan Böttcher

Jesaja 55, 8-13

Gottes Zuspruch: Psalm 103. . . . .
. . . . Hanns Dieter Hüsch/Uwe Seidel

♪ Der Müden Kraft . . T Eugen Eckert/M Johannes Müller

Klänge in der Nacht 5.12.2014 20:00

Mose . . . . .Heiko Kuschel

Advent vielleicht . . . . Carola Moosbach

♪ Wenn keiner mehr an Wunder glaubt . . . .
. . . . T Elli Michler, M Siegfried Fietz

Was den Heiligen Geist betrifft . . . . .Hanns Dieter Hüsch

Lukas. . . . . .Heiko Kuschel

O Jesu wie bist du lang ausgewesen . . . . Peter Huchel

Adventsvorbereitungen . . . . .Heiko Kuschel

♪ Mit Ernst o Menschenkinder. . . . .
. . . . T Valentin Thilo, M Lyon 1557

Grabmal Graf Christoph Carol Schlick . . . . Grabinschrift

Der Graf ....Heiko Kuschel

Psalm 90 .... Übersetzung: Jörg Zink

♪ Ich bin ja nur ein Gast auf Erden ....
.... T/M: Spiritual, deutsch Barbara Werner

Before I die.......................................
..... Beiträge von Passanten in der Fußgängerzone

Der Hauch des Todes ....Heiko Kuschel

Jesaja 40, 6-9

Am Strande .... Marie Luise Kaschnitz

♪ Du Herr über die Zeit ....Heiko Kuschel

Johannes der Täufer ....Heiko Kuschel

Gottes Lamm ....Heiko Kuschel

♪ You are my all in all................ Dennis Jernigan

Petrus ....Heiko Kuschel

Christen und Heiden............. Dietrich Bonhoeffer

Du - weit und vielgesichtig.......... Jacqueline Keune

♪ Wo ich auch stehe .... Albert Frey

Engel mit Rosenbogen.................Heiko Kuschel

Ans Licht ....Hans Kruppa

Es gibt so wunderweiße Nächte ...... Rainer Maria Rilke

Dezember-Psalm ....Hanns Dieter Hüsch

Gebet...........................unbekannt

♪ Der Müden Kraft . T: Eugen Eckert, M: Johannes Müller

Danke

An allererster Stelle möchte ich danke sagen an Wiltrud Wößner, die mit ihren Büchern über die Johanniskirche das Konzept von „Klänge in der Nacht" überhaupt erst möglich machte. Ihr umfassendes Wissen und ihre intensiven Forschungen haben ganz zentral zum Gelingen der Reihe beigetragen, denn ich selbst habe von Kunstgeschichte und dergleichen leider überhaupt keine Ahnung. Praktisch alle kunstgeschichtlichen Aussagen über Kunstwerke in diesem Buch habe ich in ihrem Buch über die Johanniskirche gefunden und für meine Zwecke umformuliert.

Danke auch an Sandra und Klaus Fiedler. Es macht große Freude, mit den beiden zu musizieren. Unsere gemeinsame Musik trägt wesentlich bei zur besonderen Stimmung an diesen Abenden.

Ein großes Dankeschön an meinen Kollegen und Musiker Eugen Eckert. Manche seiner berührenden Liedtexte sind schon in den „Klängen in der Nacht" vorgekommen. Sein Lied „Der Müden Kraft" ist zu einer Art Schlusshymne geworden, die uns beschwingt in den Abend gehen lässt: „Das wird, das kommt, ich weiß."

Schließlich glaube ich, dass der Film „Jesus von Montreal" mich überhaupt erst dazu gebracht hat, diese Reihe zu konzipieren. Zwar beschreibt dieser Film eine völlig andere Situation, doch die intensive Atmosphäre, die die jungen Schauspieler in ihrer Passion Christi vermitteln, ist es, die mich zu den „Klängen in der Nacht" inspiriert hat. Sie sollten diesen Film unbedingt einmal ansehen.

Danke an alle Sprecherinnen und Sprecher, die über die Jahre mitgemacht haben. An meinen zuverlässigen Beleuchter Julian-Alexander Bauer, von dem auch das Titelfoto stammt. Und an Heiko Herbert für die fantastische Idee mit den Lampen.

Abbildungen

Auf die Abbildung der Kunstwerke habe ich – mit einer Ausnahme – bewusst verzichtet, denn dieses Buch soll kein Kirchenführer sein. Lassen Sie eigene Bilder in ihrem Kopf entstehen. Finden Sie Parallelen in anderen Kirchen. Oder kommen Sie einmal in der Schweinfurter Johanniskirche vorbei. Vielleicht fangen die Kunstwerke auch für Sie an zu sprechen ...

Titelfoto (Mose): Julian-Alexander Bauer

Titelfoto Hintergrund (Johannes der Täufer) und
Foto gekrümmter Engel: Heiko Kuschel

Literatur

Viele Bücher haben mich bei der Suche nach passenden Gedichten und Informationen inspiriert, in besonderer Weise natürlich die beiden von Wiltrud Wößner, die sich speziell mit der Johanniskirche beschäftigen. Einige Bücher möchte ich darüber hinaus nennen. Viele sind bestenfalls noch antiquarisch zu haben, trotzdem gebührt ihnen und ihren Autorinnen und Autoren Dank. Alle Bücher sind in der mir vorliegenden Auflage genannt. Übrigens: Die im Evangelischen Gesangbuch eingestreuten literarischen Texte sind ein großer Schatz und eine wahre Fundgrube.

Andere Zeiten e.V.: Ach! Das kleine Buch vom großen Staunen, Hamburg, 3. Auflage 2010

Dirnbeck, Josef; Gutl, Martin: Ich begann zu beten. Texte für Meditation und Gottesdienst, Styria Verlag Graz, 6. Auflage 1982, ISBN 3-222-10933-8

Dirnbeck, Josef; Gutl, Martin: Ich wollte schon immer mit dir reden. Meditationstexte, Styria Verlag Graz, 3. Auflage 1981, ISBN 3-222-11148-0

Eckert, Eugen; Kramer, Friedrich; Plisch, Uwe-Karsten: Durch Hohes und Tiefes. Gesangbuch der Evangelischen Studierendengemeinden in Deutschland, Strube Verlag München/Berlin 2008, ISBN 978-3-8991-2120-9

Evangelisches Gesangbuch. Ausgabe für die Evangelisch-Lutherischen Kirchen in Bayern und Thüringen, München, Weimar, ISBN 3-583-12000-0

Hüsch, Hanns Dieter; Seidel, Uwe: Ich stehe unter Gottes Schutz. Psalmen für Alletage, tvd-Verlag Düsseldorf, 13. Auflage 2014, ISBN 978-3-926512-13-0

Lutherbibel, revidierter Text 1984, durchgesehene Ausgabe © 1999 Deutsche Bibelgesellschaft, Stuttgart

Schöne, Gerhard: Wohin soll die Nachtigall. Liedertexte, hg. v. Annelie Wegener, Henschelverlag DDR-Berlin 1990, ISBN 3-362-00452-0

Wößner, Wiltrud: Die Johanniskirche. Wissenswertes aus acht Jahrhunderten von A bis Z. 31 Aufsätze über Bauteile, Einrichtung und Kunst, Weppert-Verlag Schweinfurt 1992, ISBN 3-926879-10-6

Wößner, Wiltrud: Johannisgeschichten: ein Lesebuch für Schweinfurter über die Johanniskirche und über Menschen, die in ihr wirkten, Selbstverlag, Schweinfurt 2008

Literatur

Zenetti, Lothar: Texte der Zuversicht. Für den einzelnen und die Gemeinde, Pfeiffer-Verlag München, 6. Auflage 1987, ISBN 3-7904-0058-0

Zink, Jörg: Womit wir leben können. Das Wichtigste aus der Bibel in der Sprache unserer Zeit. Für jeden Tag des Jahres ausgewählt und neu übersetzt von Jörg Zink, Kreuz-Verlag Stuttgart, 6. Auflage 1965

Mehr von Heiko Kuschel

Die Ringe sind im Auto

Was schiefgehen kann, geht schief.
Nicht nur in der Kirche.

Mit Illustrationen von Anne Kuschel

Broschiert   6,90 €
ISBN 978-3-7347-5765-5

E-Book   3,99 €

„Alles, was schiefgehen kann, wird auch schiefgehen." Das bekannte Gesetz von Edward Murphy gilt überall – auch in der Kirche. Diese Sammlung von Anekdoten, Erfahrungen und Pannen zeigt mit viel Augenzwinkern, was da so alles geschehen kann. Zum Schmökern, Lachen, Bessermachen. Für Menschen, die selbst in der Kirche tätig sind. Für alle, die Veranstaltungen organisieren, ob kirchlich oder nicht. Und natürlich vor allem: Für Menschen mit Humor.

www.die-ringe-sind-im-auto.de

Plötzlich bist du da

Gedichte und Gebete für ein Frühchen

Hardcover   19,90 €
ISBN 978-3-8482-1642-0

broschiert   9,90 €
ISBN 978-3-8448-1565-8

E-Book   7,99 €

Nele wird zu früh geboren. Mehrere Wochen muss sie in der Klinik bleiben, bis ihre Familie sie endlich nach Hause holen darf. Die Zeit des bangen Wartens und der Vorfreude hat Neles Vater in sehr persönliche Worte gefasst. Elf berührende Kurztexte zeugen von zärtlicher Vaterliebe, Hilflosigkeit und festem Glauben.

www.ploetzlichbistduda.de

Mehr von Heiko Kuschel

Die Sonne ist ein Säugetier

Wortspiele, Sinnverdreher und andere Sprachspielereien

broschiert   5,90 €
ISBN 978-3-8482-0167-9

E-Book   4,49 €

Wollten Sie schon immer wissen, was ein Sparsch ist? Was die Einwohner Lettlands mit Frachttransporten zu tun haben? Oder welch leckere Dinge ein Konditor aus Pilzen zubereiten kann? Hier finden Sie ein Sammelsurium von Sprachspielereien, kreativen Buchstabenverdrehern und logischen Unmöglichkeiten. Jeden Morgen um 9:00 Uhr twittert der „Textchaot" einen neuen Spruch – das Beste aus gut zwei Jahren finden Sie in diesem Buch versammelt.

www.textchaot.de

www.kuschelkirche.de